献给我的父母，我的亲人们，我爱你们。

那些年那些人那些事

张晓京

美国华忆出版社
Remembering Publishing, LLC. USA

Copyright © 2022 by Remembering Publishing, LLC. USA

ISBN:　978-1-68560-022-8 (Print)
　　　　978-1-68560-023-5 (Ebook)
Remembering Publishing, LLC
RememPub@gmail.com

那些年那些人那些事

张晓京 著

出　　版：　美国华忆出版社
版　　次：　2022 年 3 月　第一版，第一次印刷
字　　数：　130 千字

All rights reserved.
No part of this book may be reproduced in any form or by any electronic or mechanical means including information storage and retrieval systems, without permission in writing from the publisher. The only exception is by a reviewer, who may quote short excerpts in review.

作品内容受国际知识产权公约保护，版权所有，侵权必究

自　序

我的系列故事《那些年那些人那些事》开始写于2008年的4、5月间。那时我们当地的一些写作爱好者们成立了一个笔会，我的一个朋友加入了笔会并邀请我参加。参加笔会的条件是写一篇文章交上去，于是我开始动笔写文章。我不是一个写作爱好者，小学五年级文革开始后就没有正正经经上过一节语文课，没有像像样样写过一篇作文。但不知为什么，朋友的邀请引起我写作的冲动，于是就有了《那些年那些人那些事——吴厅长》。文章写好后我交给了笔会，同时也上传到《文学城》博客。靠着这篇文章我加入了笔会，笔友对我的文章大加称赞，我还收到远在加州的子禾先生的回帖，他说我的文章勾起他埋藏心底的记忆。笔友及朋友们的回应和称赞极大鼓舞了我写作的热情。

后来的日子里，我头脑里不断涌现出许多故事，我曾以一周一篇的速度发表文章持续了好几个月，笔友们打趣说我的创作犹如"井喷"。写作过程中，我"认识"了一些远在天边的朋友，像加州的子禾、墨尔本的丑女和伦敦的汪先生，这使我的写作过程"充满奇趣充满惊喜"，特别是经一位笔友介绍联系上的南京著名作家叶兆言，他眼光独到，从我的文字中看到我在写作时"发自内心的快乐和兴奋"。2009年初，按照计划我开始写长辈们的故事，写这些故事难度很大，当事人年事已高，有的已不在人世，故事发生的历史背景我也不很熟悉。为了写妈妈抗战期间去重庆读书的故事，我花了几个小时在越洋电话上和妈妈交谈，写下了5、6页的记录。就在这时我的工作发生变动，工作一忙写作热情慢慢减弱，写作计划也就束之高阁了。后来的几年中我几次想振奋精神完成写作计划，并且出一本书，但心有余而力不足，搁置下来。

转眼到了 2021 年 10 月，我已退休了两年，新冠病毒也肆虐全球近两年，本来打算退休后周游世界的计划全部泡汤。这两年里我花了大量的时间在我们合唱团的云演出上，做伴奏、做音频、做视频忙得不可开交。合唱团里有一位 70 后歌友，她毕业于北大中文系，后来在美国常春藤名校康奈尔大学获博士学位。一次在和她聊天时她说，这两年你花了很多时间在合唱团里，你就没有一些自己的事要做吗？我一想也是，就把原先的写作和出书计划告诉了她，并发给她我文章的链接。这位歌友饶有兴趣地阅读了我的全部文章，她说这种个人史写作非常珍贵，应该出书记录下来。她的建议警醒了我，我迅速行动起来。10 月底我联系上一家出版社，谈好了出版事项。

按出版社的要求我很快修改校对完已写好的文章，但对未完成的部分我还在犹豫，就这么出版吧，实在心有不甘，继续写吧，又缺乏写作热情。经过了十几年，原先写作计划中的当事人基本都已过世，我对他们的印象已十分模糊。我跟国内的姐姐和那位歌友说起这个情况，她们都鼓励我完成原先的写作计划，记下这弥足珍贵的历史，不要留下遗憾，这样可以使得书的份量更加厚重。我鼓起精神，翻看当时和妈妈的通话记录，思绪渐渐拉回到十几年前。说起来也奇怪，那些我以为要消失了的记忆碎片又清楚呈现出来。一周后我完成了妈妈在抗战期间去重庆读书的故事，我把故事发给姐姐和那位歌友，她们大加称赞，为我迅速恢复写作热情高兴，鼓励我再接再厉。

我给在国内的堂姐表姐们发去微信告知我的写作计划并请她们提供资料，她们十分支持。不几日，各种资料就发到我的微信里。说实话，比之 10 多年前，人们之间的联系、资料的传送和整理都要方便得多，网上也能查到不少翔实的资料。由于亲友们的鼓励加上丰富的资料，写作过程十分顺畅。后来的一个月里，我又完成了 4 篇文章，超额完成了任务。

2022 年 2 月 10 日全部书稿发送到出版社，我感觉如释重负。感谢这位 70 后歌友，感谢我姐姐和国内的亲人们，是你们的鼓励和支持成就了这本书。

《那些年那些人那些事》一书分 10 篇 49 个故事。

开篇、学校和工厂三篇是作者亲历发生在文革那个荒唐年代中的故事。

亲人篇中记述了作者祖辈和父辈们生活和奋斗的足迹，时间跨越上百年。

人物篇中是作者萦绕心头挥之不去的记忆，这是烙下时代印记的故事。

历史篇中有三个故事表达了作者对父亲深深的怀念。

杂记中是发生在作者儿时和少时的几个故事。

侧记记录了作者在写作过程中的趣事。

家姐专栏收录了作者姐姐的三篇文章。

续篇中是作者来美后的几个故事，其中一篇表达了作者对母亲深深的怀念。

张晓京（笔名：长弓笔谈）
写于 2/18/2022

目 录

自 序	I
一、开篇	1
吴厅长	1
二、学校	6
1. 复课闹革命	6
2. 军训	8
3. 迎九大	11
4. 文化课	13
5. 讲用会	16
6. 选妃子	19
7. 忆苦饭	21
三、工厂	23
1. 初进工厂	23
2. 打倒江青	26
3. 深挖"五.一六"	27
4. 棋王	31
5. 王师傅	33
四、亲人	41
1. 二叔	41
2. 三叔	45
3. 外公	52

4．海陵女诗人　　　　　　　56
　　5．从陪都到解放区　　　　65
　　6．二舅　　　　　　　　　70
　　7．三舅　　　　　　　　　76

五、人物　　　　　　　　　　　86
　　1．朱厅长　　　　　　　　86
　　2．孙老头　　　　　　　　89
　　3．卢司长　　　　　　　　93
　　4．刘老师　　　　　　　　97
　　5．罗老师　　　　　　　100
　　6．老阿姨　　　　　　　103
　　7．叶教练　　　　　　　106
　　8．孙家小四　　　　　　109
　　9．小俞（1）　　　　　　113
　　10．小俞（2）　　　　　 116

六、历史　　　　　　　　　　123
　　1．腹儿　　　　　　　　123
　　2．别处哪儿有　　　　　125
　　3．黄桥烧饼歌　　　　　131
　　4．连庄中学　　　　　　134
　　5．华泰纱厂　　　　　　142

七、杂记　　　　　　　　　　149
　　1．打麻雀　　　　　　　149
　　2．打麻雀后记　　　　　150
　　3．朱老伯　　　　　　　151
　　4．李军长　　　　　　　153

    5. 大院游击队   155

八、侧 记   158
    1. 叶先生   158
    2. 杨先生、丑女和我   159

九、家姐专栏   162
    1. 放牛记   162
    2. 春梅   164
    3. 父亲的遗产：
       为纪念父亲逝世 29 周年而作   168

十、续 篇   172
    1. 神奇的中医   172
    2. 上班路上   174
    3. 微信与谷歌   176
    4. 母亲走了   179

一、开 篇

不知是不是上了年纪，近来我有一股写作的冲动。

小时候，觉着50多岁的人就算是老人了，不想一转眼自己也年过半百好几年了。这半个世纪以来，中国和世界都发生了巨大的变化。在此期间，我们认识的人我们经历的事，直接的或是间接的，都打上了这个时代的印记，见证了这段历史的发展。

我想写一些东西，但不知该给这些东西们起个什么名。暂且先叫"那些年那些人那些事"吧。在一大堆想写的人和事中，最先跃出的是这位吴厅长，前江苏省教育厅厅长吴天石。

吴厅长

1966年8月初，神州大地文化大革命开展得如火如荼。学校放暑假后就没开学，大人们好像也都特别忙，我们就像出了笼子的小鸟无人管束，自由飞翔。马路旁的电线杆上不知什么时候都装上了大喇叭，播放着雄壮的、听一遍就会唱的革命歌曲（不像现在的歌听几十遍也学不会）。广播员用高亢的嗓音喊着："…这是一场触及人们灵魂的伟大革命…"那时文革主要还在社会上和学校里开展。江苏省委及时抛出四个活靶子暂时阻止了大批判的烈火向上燃烧。他们是省教育厅厅长吴天石，南京大学校长匡亚明，省委宣传部长陶白和省哲学社会科学研究所所长孙叔平。

我们居住的厅长大院还算平静。这是一个国民党溃退时官宦人家留下的大院，三幢别致的西式楼房配上三个漂亮的大花园，园艺工人定期把院子里的花草修剪得整整齐齐。那是我儿时的天堂。尽管当时南京的天气闷热难当，我们这些自由的小鸟们天天在院子里捉迷藏、打游击玩得天昏地暗。

8月5日早晨刚起床就感觉不对。厅长们、厅长夫人们、保姆们还有各家的年长子女们聚集在院子里，大家低声议论着什么，气氛压抑、紧张。我钻入人群探个究竟。"吴厅长去世了，还有他的爱人。"不知是谁在说。"太惨了。""这些学生们太…"人们欲言又止，想说又不敢说。过了一会儿人群渐渐散去。回到家中我问父亲发生了什么事，父亲说："南师的学生批斗吴厅长和他的爱人，把他们整死了。"接下来是长时间的沉默，家里死一般的寂静。父亲本来话就不多，这时就更不愿说什么，我也不敢再问。外面烈日当头，可我感觉天空不再晴朗，一场暴风雨正在向我们这个昨天似乎还很宁静的大院袭来，向我们家庭袭来。

在随之而来的"红八月"中，全国发生多起暴力致死事件，教师被打死，学生被打死，干部被打死，工人被打死。8月18日红司令登上天安门，臂戴红袖章向百万红卫兵挥手致意，更把红色恐怖推向高潮。此后血雨腥风席卷神州大地达十年之久，学生暴力致死吴厅长夫妇事件只是一个前奏。

后来造反派不让我们在那个大院住下去了，我们举院搬入一个曾是民政厅残废军人收容所的小院中。后来我的两个姐姐下乡了，后来我的父母去了"五七"干校，后来复课闹革命，我进了中学。

1970年初，省文教卫生系统的造反派召集了一个"可以教育好的子女"学习班，组织我们这些"可以教育好的子女"学习那年的两报一刊元旦社论，学习毛选中的《敦促杜聿铭投降书》，鼓动我们给在干校的父母写信，让他们"回到毛主席的革命路线上来"。吴厅长的儿子跟我分在一组，上面开大会，我们开小会。他一遍遍对我们说："我爸爸要是活到今天，肯定一点事都没有。"说这话时他眼里充满悲哀和无奈。我在想这几年他不知是怎么过来的。吴厅长的儿子比我大几岁，但当时毕竟还是个孩子。

1971年9月13日，副统帅外逃摔死在蒙古荒凉的草原上，文革形势开始逆转。那时我已进了工厂。1972年后，政策明显宽松下来。父亲从干校回来的次数多了，每次在家待的时间也长了些。差不多1974年初的时候，父亲从干校搬回了南京，赋闲在家。我们还是住在收容所的小院里。我们家的住房由一间库房改造而成，冬冷夏热。每逢夏天，南京天气酷热，房间里下半夜两三点时仍像炕房一样，无法入睡。到了傍晚，我们就在房前的水泥地上浇上水，冲冲热气，再把小桌子凳子躺椅搬出来，在外面吃饭乘凉。这是一家人聚在一起聊天的最好时间。这么多年来父亲和我难得能像这样长时间地在一起聊天，也因为他看我长大懂事了所以和我谈起了他的那些年那些人那些事。我们谈话的内容很广泛，年代的跨度也很大，其中包括1966年8月初发生在吴厅长夫妇身上的惨剧。在写这篇短文前，我在网上查了一下，发现了一篇王友琴写的文章《李敬仪和吴天石——暴力性"斗争会"的最早受难者》，文中描述了这一惨剧，我的记忆和此大致相同。

　　1966年8月3日晚上，南京的天气闷热异常。南京师范学院的一伙学生闯进吴厅长家，他们本来是冲着吴厅长的夫人李敬仪来的，李当时是南师的干部处处长。学生们要带李到学校让她交出干部的档案，李拒绝。吴厅长正好在家，一个西瓜打开刚吃了几口。吴厅长知道他夫人身体不好，下楼来问了几句。学生中有人认出了吴厅长并知道他是省委抛出的大批判对象。学生们不由分说揪住吴厅长夫妇去学校开批斗会。吴厅长穿了一件汗衫，衣冠不整。天气闷热加上两位老人身体不好，他们被人推推搡搡，没走多远就休克了。学生们拖着架着他们往学校去。有学生说他们装死，从路边居民家中弄来凉水浇在他们的身上脸上，就这样也没能把他们浇醒。学生把他们拖上主席台，两位老人瘫坐在台上，昏迷不醒。批判会持续了几个小时直到省委派人赶到。省委的人把他们送进医院，在医院里两位老人一直没有苏醒过来，8月5日双双去世。南师的这些学生们把8月3日当作重大的日子，成立了红卫兵组织"八三师"。

　　这段历史离我们渐渐远去，现在已很少有人知道、想起或关心在1966年8月3日南京那个闷热的晚上发生了什么事。在这场集体暴力狂欢中也很难追究个人的责任，但我很想知道的是这些"八三师"的小将们，现在都已是 60 开外的老人了，每年 8 月 3 日这一天会不会在心里哪怕是有一点点的忏悔呢？

原文写于 5/1/2008 修改于 11/18/2021

下面是在网上查到的资料：

吴天石，原名毓麟，笔名史坚。中国共产党的优秀党员，人民教育家，江苏南通市人。早年参加进步学生活动，自觉地接受了革命思想的熏陶。1929 年，他考入无锡国学专修馆读书，积极参加了左翼文化运动。"九一八"事变后投身到抗日救亡运动当中，他参加了苏中抗日根据地的开辟和建设，投身根据地的教育和文化事业，培养了一批又一批的革命干部和建设人才。1932 年毕业于无锡国学专修馆。1943 年加入中国共产党。曾任江海公学校长、华中公学副校长、华中大学第二教务长。建国后，历任江苏师范学院院长、江苏省教育厅厅长、中共江苏省委宣传部副部长。对语文教学改革有系统见解。著有《教育书简》，与夏征农、沈西蒙合编历史剧《甲申记》。

下面是[五味斋]一位网友的留言：

往事不堪回首，文革罪行罄竹难书

送交者：子禾 2008 年 5 月 02 日于[五味斋]回答：那些年那些人那些事—吴厅长 由 长弓 于 2008 年 5 月 02 日：

我也是江苏省教育厅干部的子弟，父亲当年是普通教育处的视导员，经常随吴厅长到下面视察，了解情况，回来后为了贯彻吴厅长的指示，常常挑灯夜战，在《江苏教育》杂志上发表了很多文章，被称为吴厅长的笔杆子。

1966 年文革开始，吴厅长首当其冲，与夫人李敬仪双双被南京师范学院的红卫兵斗死，我父亲也受牵连，被关进牛棚。

一、开篇

我母亲是中学音乐老师，非常担心父亲的命运，其后在学校带学生唱文革歌曲的时候，因为精神高度紧张，把词唱反了，"造反有理"唱成了"造反无理"，也当场被红卫兵打倒，剃了阴阳头（一半有头发，一半没头发），去打扫厕所。记得有一天晚上，妈妈从学校回到家，当时她穿了一件黑灯芯绒的外套，从衣领到腰部，上上下下都是红卫兵吐的白花花粘腻腻的痰液，眼圈青一块紫一块，肯定是被红卫兵打的，当天夜里，她用锤子敲头自杀，被我姥姥救下来，第二天就精神失常，发疯了，整天哭哭笑笑，直至今日，也没有完全恢复正常。

我1968年作为初中毕业生，老三届，下乡插队，父亲1969年作为干部下放，也去了农村，我们爷俩住在茅草房里，相依为命，妈妈姥姥和两个妹妹留在南京，多年之后全家人才得以团聚。

我和妹妹在恢复高考之后考上大学，读研，后来又相继来美国，终于安居乐业。

世界太小了，居然40年之后在北美网站上读到这样一篇触动心灵的好文，又勾起我埋藏心底的回忆，谢谢作者长弓。

二、学 校

1. 复课闹革命

1968年10月，南京市在家荒废了两年的"新三届"们被分进了中学，说是要复课闹革命了。那年头干什么都是为了闹革命，停课是为了闹革命，复课也是为了闹革命，后来的上山下乡还是为了闹革命。这闹革命又是为了什么，不知谁能搞得清楚。

我被分配进了第十一中学。十一中靠近鼓楼，又叫南京大学附属中学。当时原来的校领导全都靠边站了，由工宣队领导学校。

关于工宣队（全称"工人毛泽东思想宣传队"）我想多说两句。1968年7月26日，为了结束北京高校愈演愈烈的武斗现象，毛泽东决定向各高校派遣工宣队军宣队。清华大学的红卫兵头头蒯大富不知深浅率领清华"井冈山兵团"对抗，打死五名工宣队员，打伤数百。毛泽东7月28日晚在中南海召集首都红卫兵"五大司令"开会，向他们交底。这一天是文革的一个转折点，离毛泽东1966年8月18日登上天安门接见红卫兵不足两年。从此红卫兵运动凋零，工宣队军宣队登上中国政治舞台，直至文革结束。

工宣队领导学校当然要和知识分子领导学校不一样。当时时兴大批判开路，做什么事前先找几个活靶子批上斗上一通，很像古代大军出征前杀牛宰羊的祭旗仪式。我们进校的第一天就参加了一场批斗大会，批斗的对象有20多人。工宣队长一声令下，20多名批斗对象被押上了台，他（她）们被反剪双手，坐起了"飞机"，脖子上挂着大牌子，上面写着各人的反动头衔。工宣队长站在台上给大家一一介绍这些批斗对象，其中有原党支部曹书记和宋校长。曹书记是位女性，她解放战争时期就参加了革命，在南京中学界颇有名气。（曹书记在 2007 年第 23 个教师节时被南京市教育局授予"南京基础教育专家"称号。曹书记的爱人和我的一个舅舅是解放前南京中央大学地下党成员。）批斗对象中有一个老师的头衔是"极右分子"，我就是在那时才知道这右派还有"一般右"和"极右"之分。当时我脑子里对右派的印象是宣传画书中的那种手持匕首，面目狰狞向党进攻的形象，怎么也跟眼前这位戴着眼镜书生模样的老师对不上号。批斗会开了两个多小时，这些批斗对象也在台上站了两个多小时，其中有几人明显体力不支，脸色惨白。有一个老师较胖，头上渗出了汗珠。对这一台的批斗对象我没有一点痛恨的感觉，有的是怜悯和同情，和文革初期时的感觉大不一样了。这时我已不再是那个往老师头上扔苍耳子，砸朱老伯家玻璃窗的小孩子了，对周围的人和事有了一些冷静的观察。而对台上的那位耀武扬威的工宣队长，我心里十分鄙视。眼前的这一切正好印证了文革以来父亲一直挂在嘴边评论文革的一句话"黄钟毁弃，瓦釜雷鸣"。这些感觉当时不敢说，只能在心里藏着。

　　批斗大会结束后，应该是各班回自己教室活动，可是学生们完全不听指挥，一群群站在操场上聊天哄闹。在社会上游荡了两年，又受到当时社会上暴戾之气影响，很多孩子都变得桀骜不驯很难管教。有些孩子还按所住的地区组成一个个小团伙，小团伙中的人都很讲哥们义气，其中只要有一人和别人发生冲突，团伙中的人就摩拳擦掌，蜂拥而上，大打出手。开学第一天全校发生了十多起群殴事件，多人受伤。我就亲眼看到有学生被打得头破血流，让人架着抬着送走。

　　在工宣队员的帮助下，费了好大的劲，才把学生们"赶"进了教室。当时学校模仿军队编制，年级叫连，班级叫排，小组叫班，每排设男生排长和女生排长。整个连里男生排长清一色由一些身大力不亏的同学担任，其中有的人还是留级生，比班上同学大上一、两岁，这样才能镇住其他同学。

　　我明显感觉到这不再是文革前那样温馨的校园了。
　　我两年多的中学生活就是这样开始的。

原文写于 6/21/2008 修改于 11/19/2021

2. 军训

1968年底，我们进十一中复课闹革命后两个多月，学校组织我们这个连（年级）的四个排（班）去一个部队的驻地参加军训。这个部队的营房位于南京市南边江宁县的东善桥镇，距南京市中心30多里。当时东善桥镇是个不起眼的乡村小镇，30多年后这个乡村小镇成为羽毛球比赛用球的生产基地，这里生产的羽毛球远销世界各地，2004年时全镇羽毛球制造业的产值就过了亿元。

我们的行装很简单，被褥加上几件换洗衣服，用一根背包绳三横两竖捆好，再加上水壶黄挎包。为了锻炼，我们步行去目的地。我们这些在城里长大的孩子谁也没走过这么多路，一开始大家觉得挺好玩的，可刚出了中华门就感觉累得受不了了，这才走了四分之一还不到。我们拖着沉重的步子又走了三个多小时，感觉是快到了，可问问路边的老乡还有多远，回答总是"里把路"。就这"里把路"花了大半个小时才走完，终于到了目的地。在后来的几天里，只要是谁问到哪里有多远，应者一律以"里把路"作答，问者则会心一笑。

部队的营房周围是一片丘陵地带，因为是寒冬季节，小山坡上的灌木枯枯黄黄，无精打采的样子。我们都累得不行，无心观察欣赏周围的景致。带我们军训的战士们提前做了准备，为我们铺好了地铺。我们两个班的男生住一间大通间，头靠墙，脚冲外，睡成两排，中间只有一步宽的过道。天气虽然寒冷，但这么多人挤在一起，身下又垫了厚厚的稻草，感觉很暖和。这一夜我们睡得特别好。

第二天早上起床感觉天气好冷啊，营房前不远的小河上结了一层冰，我们用石头把冰砸开弄点水漱口洗脸。我们一个个冷得上牙打下牙，手指都冻"爪"了，伸也伸不直。我第一次知道生活还有可能这么艰苦。这段经历我现在时不时拿来给女儿"忆苦思甜"，教育我家的这个"小老美"。但这手指冻"爪"了，怎么解释她都没感觉。

我们第一天的活动是参观部队营房。部队营房给我的一个感觉就是整洁。被子叠得四四方方像一块块豆腐干。床上的被子成排，地上的鞋子成排，桌上的茶缸成排，晾在绳上的毛巾也成排，窗明几净，一尘不染。这反映了部队的纪律性，也看出军旅生活的刻板和单调。营房里只有一样东西体现出一点个性，这就是放在每人床头的"三忠于牌"。这"三忠于"是当年流行的一句宣传口号"忠于毛主席，忠于毛泽东思想，忠于毛主席的无产阶级革命路线"。还有一句是"四无限"，对毛主席、毛泽东思想、毛主席的无产阶级革命路线，要"无限崇拜，无限热爱，无限信仰，无限忠诚"。这些"三忠于牌"有的是用彩笔绘制的，有的是剪贴于报刊和杂志，还有的是在手帕上的刺绣。最简单的"三忠于牌"就是在一张一本书大小的硬纸板上画上三个红色的心型图案，每个中间写一个忠字。还有复杂一些的，画了一条船在海上迎着太阳航行，船上写了三个大大的忠字，这是当时流行的"大海航行靠舵手"图案。那绣在手帕上的忠字就更要精致一些了。

　　我们的军训的一个科目就是在操场上走队形，踢正步，单调又枯燥。踢正步向来是军队严格训练的象征，一天踢下来，腿酸得不能走路。还有一个科目就是练"枪上肩，枪放下"。我们用的是带枪刺的56式半自动步枪，我们都是第一次摸真正的枪，男生们都很兴奋。这"枪上肩，枪放下"和踢正步一样，一个人练好并不难，但要练到几十个人整齐划一，像一个人一样，那就不是一天两天的功夫了。我们还练了瞄准和刺杀等科目。一个星期很快就过去了。

　　有一天夜里三点多钟，刺耳的哨声把我们惊醒，带队的战士在宿舍门口大声叫着让我们立即起床去操场紧急集合。集合完毕，指导员（一位解放军的排长）向我们宣布说是离我们这里十里外的一座山上发现空降特务，上级命令我们去把他们抓获。我们也搞不清是怎么回事，跟着跑就是了。天很黑，借着微弱的星光可以勉强看见路，我们一个挨着一个不敢落下。就这么鬼打墙似地在山上跑了两个多小时，我们居然又跑回了原地。指导员宣布说空降特务已被友邻部队抓获，我们胜利完成了任务。这是一场夜间拉练演习。这时天已大亮，我们才知道我们当时有多狼狈，呼出的热气在眉毛上头发上结成了霜，头像蒸笼一样冒着热气，衣扣扣错了位的，鞋带没系好的，出什么洋相的都有，还有一个同学把裤子穿反了。

这次军训本来要进行四周，但一个突发事件使军训不得不提前结束。

有一天晚上九点多钟，我们训练了一天都很累了，有的同学已进入梦乡。忽然听见有两人在争吵，而且声音越来越大。争吵的是我们班一个外号叫"侉子"的同学和另一个班一个外号叫"母驴"的同学。"侉子"是我小学同学。他爸爸原在南京一家军工厂工作，后来支援三线带爱人一起去了内地，留下"侉子"和奶奶生活。奶奶年老体弱根本管不了"侉子"。"侉子"和"母驴"都是留级生，"侉子"瘦一些，"母驴"十分彪悍。那天也不知为什么两人发生口角，吵着吵着"母驴"动手打了"侉子"一拳，"侉子"也不好惹，立即反击。几回合下来，"母驴"显然占了上风。"侉子"走到自己的铺边，在挎包里摸出一个什么家伙藏在了袖子里。"侉子"跨前一步，挥起右拳击向"母驴"的左太阳穴，"母驴"举起左拳想挡住"侉子"右拳的进攻，左侧腹部露出一空档。"侉子"迅速收起右拳亮出袖子里藏着的匕首。一道寒光在空中闪过，"噗"的一声，"侉子"的匕首刺进"母驴"的左上腹部。同学们都吓傻了，大气不敢出，宿舍的空气都凝固了。"侉子"拔出匕首用袖子擦掉上面的血对着"母驴"说："老子今天没捅死你，饶你一条命！""母驴"用手捂着腹部，脸色惨白，蹲在地上。这场斗殴就发生在我们通铺前的过道上。有一个胆大一些的同学悄悄溜了出去告诉了领导。过了一会儿，来了两个解放军战士把"侉子"五花大绑带走了，部队还用了一辆吉普把"母驴"送去鼓楼医院抢救。

第二天所有的训练都停止了。上午，军训领导向我们通报了情况。还好"母驴"的伤势不重，只差一公分就会伤及脾脏。如果刺伤脾脏那后果不堪设想。"侉子"被送进了拘留所。部队的首长怕再出事决定立即停止军训。下午，部队调集了几辆军用卡车把我们全部送回学校。

这次军训就这样匆匆结束了。

两个月后，"母驴"伤愈出院，"侉子"被送去劳教。

两年后"俫子"劳教释放，去了他爸爸那里的一家工厂当了工人。

原文写于 6/28/2008 修改于 11/19/2021

3. 迎九大

1969年3月我们又一次军训。三个月前的那次军训因为发生了行凶斗殴事件没完成，这次军训算是一个补充。这次我们没去郊外，就在离学校"里把路"（差不多三、四里路）的南京药剂学校安营扎寨。领队的是连（年级）指导员工宣队的梁大个儿。梁大个儿是一个复员军人，曾是解放军排长。除了正常的军训外，我们还有一个特别任务，迎九大，即迎接中国共产党第九次全国代表大会召开。

说起九大就不能不提1956年召开的八大。1956年全国基本上完成了对生产资料私有制的社会主义改造，八大确定把党的工作重点转向社会主义建设。这应该说是有利于中国发展的正确方向。但后来若干年里发生的事完全背离了这个方向。1957年的反右，1958年的浮夸风大跃进，1959年的反右倾，这些直接造成后来三年大饥荒，饿死数千万人。1962年伟大领袖又提出"千万不要忘记阶级斗争"的口号，使全国陷入内耗内斗的泥潭，1966年开始的无产阶级文化大革命更把全国变成了绞肉机似的杀戮战场。到1969年，"资产阶级司令部"被摧毁，一批文革新贵登台。上海的造反派陈阿大从入党到当上九大代表不到两个月，入党申请书也是事后填写的。黄钟毁弃，瓦釜雷鸣。九大前夕对伟大领袖的个人崇拜也达到了狂热的程度。我们就是在这样的背景下迎九大的。

那时满大街都是迎九大的歌声，"长江滚滚向东方，葵花朵朵向太阳。满怀激情迎九大，迎-九-大，我们放声来歌唱，我们放声来歌唱…"。工厂、农村、学校到处都是学跳忠字舞的人群。

我们每天除了正常的军训科目操练外，还要抽出一些时间练习跳忠字舞。

忠字舞有"原地版"和"行进版"两个版本。这"原地版"只需一米见方的场地，占地面积小，地头田间教室走廊随处可跳。"原地版"适合个人单练，也适合大型集会时群练。这"行进版"最为累人，需要边走边跳，动作要和行进的步伐配合。"行进版"是专为群众游行设计的。

忠字舞动作不复杂但也包含了舞蹈的基本元素，如昂首、挺胸、举手、踢腿、踮步、碎步、弓步、旋转一应俱全。舞蹈时要求情绪饱满，斗志昂扬，作豪迈状，作无限忠于伟大领袖状。舞蹈最后以"巴扎嘿"经典动作收场（年轻的朋友们可去谷歌查一下"巴扎嘿"）。这忠字舞跳起来也很累的，几轮下来气喘吁吁，大汗淋漓，在没有体育活动没有广播操的年代也不失为一个有强身健体功效的群众体育运动。

这忠字舞也要看什么人跳，如果是让训练有素的毛泽东思想宣传队的舞蹈队员来跳，其实也是很好看的，不亚于现代街舞劲舞什么的。可要让连广播操都做不好的普通群众来跳，那效果就要大打折扣了。

去年我和我们家领导银婚纪念请了一些朋友来聚会，来宾起哄让我出节目。我趁着酒兴跳了一段忠字舞，把我女儿笑到肚子痛。她没想到平常一本正经笨手笨脚的老爸还有这本事。

4月1日晚，广播里传来九大召开的消息，我们在宿舍前集合，先练了一把原地版忠字舞，然后直奔学校。一路上我们一遍又一遍跳行进版忠字舞，只有兴奋，没有疲劳。到了学校我们和先前到达以及陆续到达的同学们一起在操场上排队。操场上黑压压地站满了学生，广播震耳欲聋反复播放着《祝福毛主席万寿无疆》，"敬爱的毛主席，我们心中的红太阳，敬爱的毛主席，我们心中的红太阳。我们有多少知心的话儿要对您讲，我们有多少热情的歌儿要对您唱。哎…千万颗红心在激烈地跳动，千万张笑脸迎着红太阳，我们衷心祝福您老人家万寿无疆，万寿无疆，万寿无疆！"

数千名学生们随着音乐起舞，跳着，扭着，转着，…。我不想用"群魔乱舞"来形容这一场面，怕把自己和单纯的同学们妖魔化了，但实在是找不到更适合的词来形容了。

那是一个荒唐的年代。

1978年，九大召开后第九年，在走了22年的弯路后，中国又回到以发展经济为中心的道路上。

原文写于7/5/2008 修改于11/19/2021

4．文化课

1968年10月复课闹革命，我们进了十一中。那时我们只上一门课，毛泽东思想课。毛泽东思想课的教材就是那本著名的小红书《毛主席语录》。每天我把小红书往衣服口袋里一塞就上学去了，根本用不上书包。我把这段讲给女儿听，让她羡慕得不行，因为她每天都要背上十几磅重的书包去上学。那时我们每天都要诵读小红书中的语录若干条若干遍，努力争取要把毛泽东思想"铭刻在脑海里，融化在血液中，落实在行动上"。这样的情形持续了半年多，后来不知为什么说是要上文化课了。

要上文化课，照例要来个大批判开路。一天，一位工宣队员到我们班来宣讲，批判"读书无用论"。当时流行的说法是，在阶级敌人鼓吹的"读书做官论"破产后，他们躲在阴暗的角落里又散布什么"读书无用论"。遵照伟大领袖毛主席的教导"凡是敌人反对的我们就要拥护，凡是敌人拥护的我们就要反对。"所以我们要好好读书，以实际行动粉碎阶级敌人的阴谋。这一下子把我们学业荒废近三年这笔账全算到躲在阴暗的角落里，既看不见又摸不着的阶级敌人头上去了，这也算是为上文化课找了个理由。这位工宣队员为了表示学文化的重要性，出了两道智力测验题想考考我们。第一道题，"你们知道光一秒钟能走多远吗？""30万公里。"我应声回答。工宣队员愣了一下，又抛出第二道题，"你们知道光一秒钟能绕地球几圈？""七圈半。"我又回答。工宣队员看两道智力测验题被我轻易答出，有点尴尬。殊不知，我在小学时就把文革前出的八本一套版的《十万个为什么》读过好几遍，这两个问题对我来说简直就是毛毛雨小菜一碟。看工宣队员吃了一个软钉子，同学们有点兴奋，有同学当场送我一个外号"博士"。那时我们班上几乎每个男生都有一个外号，互相之间以外号称呼，特亲热特哥们儿。我们也在背后给女生起外号，可是从来不敢当面喊。20多年后我真的在北美拿下一个博士，没有辜负当年同学们送我的这一外号。

所谓文化课是指语文、数学、英语、工业基础、农业基础这五门课。

比起文革前，语文课本有很大的改动，删去了所谓"封资修"的内容，但不知为什么其中保留了一篇古文《黔之驴》。我和一些爱读书的同学很喜欢这篇古文。"驴一鸣，虎大骇，远遁，…"读起来多么有文化。

那时上语文课很结合形势。1970年4月24日中国发射了第一颗人造卫星，并从太空中传回东方红乐曲声，这使我们上语文课有了新的内容。语文老师要我们写一首诗来庆祝卫星发射成功。我写道，"七十年代第一春，中国卫星飞乾坤。世界人民拍手笑，帝修气得头发昏。"老师说，"乾为天，坤为地。飞乾坤意思不对。"既然"飞乾坤"意思不对就改成"飞太空"吧，这下意思对了可韵没押上。语文老师是一位老太太，满头银丝白发，她讲课非常认真投入。我们那时课堂纪律很差，课堂经常像茶馆一样。可不管课堂纪律有多差，语文老师仍一丝不苟地讲好每一堂课。学生经常不交作业，但只要交上去，语文老师都一丝不苟地评判修改。后来又有一次语文老师让我们写诗赞美南京长江大桥。我写道，"长江万里浪滔滔，建桥工人志气豪。铁臂一挥天地动，钢膀一舞山河摇。毛主席话记得牢，反帝反修怒火烧。自力更生是法宝，大江险处架金桥。中国人民志气高，誓叫山河换新貌。"语文老师很喜欢这篇充满了标语口号的"诗"，她拿去在她教的几个班上推荐给同学们，朗读给同学们听。我的这首"诗"经语文老师用标准的普通话充满激情地一朗诵还真成了诗。我在语文老师教的这几个班里名声小噪了好几天，那份成就感就像现在上帖到万维五味被版主选进导读的感觉。现在回想起来，这真是一位好老师，在那样的年代里，对自己的工作如此热爱，对自己学生的点滴成绩如此推崇，真是不容易。

数学课本也很有时代特征，突出阶级教育，在应用题前往往加上一段引言，很有意思。在一个计算棱台体积的题目前写着，"地主的斗，吃人的口。解放前地主用大斗收租用小斗放租，用这样的办法来残酷剥削农民。"然后给出计算棱台体积的条件，最后问，"地主一年要剥削农民多少粮食。"类似的应用题比比皆是。数学书搞得像一本大批判材料。我们在中学里只学了几何和代数中的一些最基本的内容。我们的数学老师课讲得很好，他有一绝就是徒手画圆，上几何课时随手就能在黑板上画出一个个滴溜滚圆的圆，让我们佩服不已。有一次上几何课，我指出他在证明推理中的一个错误，引起他的注意。下课后数学老师把我叫到他办公室跟我聊起了数学，他还深入浅出地证明一些几何题给我看。可是我当时基础太差，愣愣地望着黑板，不知老师在说些什么。老师看出我的窘态，就鼓励我，说我对数学很有感觉，只要努力就一定能把数学学好。

英语课本的前几课每课就是一句话，第一课是 Long live Chairman Mao（毛主席万岁）。第二课是 We love Chairman Mao（我们热爱毛主席）。第三课是 We wish our great leader Chairman Mao a long long life（我们祝愿伟大领袖毛主席万寿无疆）。我们的英语老师，林老师，是一位从省交际处下放来的口语翻译，一个衣着讲究，二八分头永远不乱的中年男子。他给我们上第一节课时，一开始课堂上吵吵闹闹的。林老师一开口读 Long live Chairman Mao，大家就安静下来，但并不是出于对伟大领袖的尊敬，而是被林老师那富有磁性的男中音吸引住了。我们都喜欢上林老师的课，喜欢听他用富有磁性的声音读英文，那些平时叽叽喳喳的女生，上林老师课时都十分安静。

工业基础课和农业基础课是文革时教育革命的产物。工业基础课中包含了一些物理和化学的内容，农业基础课主要内容是"三机一泵"即柴油机、拖拉机、电动机和水泵。这些知识据说学了以后立马能在工农业生产实践中应用。

　　学校没有开音乐课，开大会前唱几首革命歌曲就算是上了音乐课。记得有一次开会前一个姓万的音乐老师领大家唱《四个念念不忘》，歌词是"念念不忘阶级斗争，念念不忘无产阶级专政，念念不忘突出政治，念念不忘高举毛泽东思想伟大红旗。"万老师声音洪亮，中气十足，不用麦克风声音就能传遍整个操场。那天万老师有点感冒，把"念念不忘"唱得鼻音很重，听上去怪怪的。一散会同学们捏着鼻子学万老师的"念念不忘"，大家笑成一团。

　　学校也没有开历史课和地理课，所以我们这批"新三届"中的很多人史地知识十分贫乏。

　　当时的文化课没有考试，没有测验，没有家庭作业。学文化课期间还有多次学工、学农、学军，加上讲用会、大批判会、忆苦思甜会、林副主席一号命令等等，占去很多时间。学校里的许多老师都很有水平很负责任，但在那样的大环境下，难以发挥作用。我们就是在这样的环境中学习了一年多文化课。

　　在南京，文革十年中所受教育最少的就是我们这批"新三届"。1977年我考上大学后发现，77、78级大学生中"新三届"的人数最少。

原文写于 7/12/2008　修改于 11/20/2021

5. 讲用会

　　这里提到的讲用会全称是"活学活用毛主席著作讲用会"，这在文革前就流行开了。

二、学校

　　自 1959 年 9 月起，"庐山会议"后替下了彭大将军担任国防部长的副统帅就一直在军队系统推行"活学活用毛主席著作"运动，60 年代中又把这一运动推向全国。由于副统帅的大力推动，全国全军上上下下涌现出一大批学习标兵讲用模范，其中最有名的当数军队系统的雷锋、廖初江和江苏省太仓县洪泾大队的顾阿桃老妈妈。"伟大的共产主义战士"雷锋大家耳熟能详，这里不多讲。这廖初江是沈阳军区某连副指导员，被誉为"学《毛著》第一人"，1964 年由副统帅首肯后声名大振，在全国讲用百余次。1969 年伟大领袖在审批九大代表时划去自己的女儿，批准廖初江成为九大代表。顾老妈妈的经历更为传奇，她是副统帅夫人叶某参加"四清"工作队到洪泾大队蹲点时发掘培养的典型。顾老妈妈原本是一个斗大的字识不了一箩筐的农村老大妈，但她口齿伶俐能说会道，在一次讲用会上被叶某发现。后经叶某及其秘书们的倾心打造和包装，终于使顾老妈妈成为闻名全国的讲用模范政治"超女"。当时顾老妈妈的讲用稿图文并茂整版整版地占据各大报纸的版面，很多流行语都是顾老妈妈原创，如"旧社会把我们当棵草，新社会把我们当成宝"，"新社会的日子像芝麻开花节节高"，等等。1966 年国庆由叶某介绍顾老妈妈在天安门上受到伟大领袖的接见。1969 年顾老妈妈当上九大代表，江苏省革委会常委，她还是当时主政江苏的许司令的座上客。

　　上有所好下必甚焉。当时各级各类讲用会遍地开花，模式大致有两类，一类是领袖指引解决困难式：某人某日遇到某困难，正在一筹莫展走投无路之际，一个声音在耳边响起，那是小红书中伟大领袖的某条语录。于是某人精神振奋斗志昂扬，自行或依靠革命群众克服了困难，最后把成绩归功于伟大领袖。还有一类就是顾老妈妈忆苦思甜式：旧社会如何如何苦，新社会如何如何甜，然后感激伟大领袖救民于水火，最后再背一通"老三篇"。

　　我在中学时，学校进行阶级教育要开讲用会，当然顾老妈妈这种"大腕"是请不到的。学校从南京郊区某公社找来一位农村老大妈给我们讲用。这是一位看上去普通得不能再普通的农村老大妈。老大妈上台先来一通忆苦思甜，然后开背"老三篇"。只见老大妈端坐在台上，口中念念有词，从《为人民服务》的开篇"我们的共产党和共产党所领导的八路军、新四军，是革命的队伍。我们这个队伍完全是为着解放人民的，是彻底地为人民的利益工作的。"到《愚公移山》中的口号"下定决心，不怕牺牲，排除万难，去争取胜利。"再到《纪念白求恩》的结束语"一个高尚的人，一个纯粹的人，一个有道德的人，一个脱离了低级趣味的人，一个有益于人民的人。"硬是把"老三篇"统统背下，准确率达95%以上。其中的警句更是一字不差。我们知道顾老妈妈有这本事，但不是亲眼所见。这位老大妈可是现场表演啊。老大妈的这番表演让我们这些坐在下面的学生汗颜。我们背背领袖语录还行，甚至背上个几十条也没问题。可这样通篇背文章我们还真没试过，特别是老三篇通通拿下，这可不是一、两天的功夫。

讲用会是那个年代特有的一个活动，用一句时髦的话来说，就是那个年代一道亮丽的风景线。"讲用会"原本应该不是一个贬义词，但在经历了那个年代的人们的心里它是贬义的，成了说假话、大话、空话、套话的同义词。

在写这篇短文查资料时，从谷歌上查到2006年的一则新闻："在'七一'党的生日即将到来之际，某某街道某某社区党委组织党员召开了一次'迎七一讲用会'，此次讲用会以学习交流总书记提出的'八荣八耻'为主题，社区118名在职和离退休党员参加了会议。…一些老党员还以现场流利地背诵'八荣八耻'内容来汇报自己的学习成果，表现出党员同志热爱党、响应党的号召的良好品质，孜孜以求、活到老学到老的精神风貌和争做优秀共产党员的决心。"

什么年代了，还用这词儿，唉。

原文写于 7/19/2008 修改于 11/20/2021

6. 选妃子

1970年，副统帅夫人动员了许多人在全国范围内为她公子挑选媳妇，这段故事民间称为"选妃子"。

副统帅手下有黄、吴、李、邱四位得力干将，干将们的夫人们对选妃子都很来劲，于是她们全国分片包干各负其责。邱将军的夫人胡某负责上海南京及苏南一块。当时在上海管事的张军师颇坚持原则，抵制此事。而南京许司令的夫人田某对此事却很感兴趣，胡某就把选妃子的重点放在了南京。这件事南京坊间多有传说，副统帅垮台后南京街头有大字报批判田某追究此事，但后来八大军区司令员调动，田某随许司令去了广州，这事也就不了了之。

来南京选美女，胡某算是找对了地方。南京历史上就有"秦淮八艳"，后来曹老先生笔下的"金陵十二钗"想必也不是空穴来风，有着某些生活原型。胡某、田某一干人当年在南京选妃子可谓不遗余力，足迹遍及工厂学校和文艺单位。但我在网上查询这段往事，发现除了铺天盖地关于最后入选人张某的文章外，其他的材料很少。南京作家叶兆言在他的《南京人》中对选妃子有过一段简短的叙述，叶兆言写道，"我不知道林立果当年为什么要到南京来选妃子。帝王到南京来选美女，历史上就有传统。明嘉靖皇帝选妃，仅南京一地就选了六个美女，其中著名的有方氏和王氏。林立果现代选妃，这件事一度闹得南京人家喻户晓，或许最初并不是林立果的意思，只是手底下的人瞎起劲，但是他最终还是在南京将就着挑选了一位。"叶兆言的祖父是著名作家、教育家叶圣陶。

我当时在十一中读书，没有直接印象有谁来过学校选秀，但我离开学校后，碰到过一个非常漂亮的女孩云儿。胡某等人在南京选秀时，云儿是她们学校里初选入围者。云儿和我同时期在南京的另一所中学读书，她念书早，比同班学生小两岁。云儿给我详细叙述过这段故事。

有一天学校开大会，学生们在操场上排排坐着。学校里开进两辆军用吉普，车上下来几名军人，为首的是两位年长的女性军官。如果云儿没记错的话，这二位应是胡某和田某。这几人在坐着的同学们中转悠，不时让老师把一些女同学叫起来，一共叫了十几个女生，云儿是其中的一个。老师和同学们都有些奇怪，但他们很快发现被选上的都是一些长得比较漂亮的女生。云儿她们十几个人被领进校长办公室，这些军人既没有自我介绍也没有说明来意，只是看似随意地问一些像叫什么名字，父母在哪里工作，平常有些什么爱好之类的问题。云儿注意到在提问的过程中两位年长女军官十分注意观察每一个人，她们也参加了提问，还让两个女孩唱了几首歌。云儿回到班上后，班上同学已经传开了说是这些军人是来招"国际列车员"的，专挑漂亮女孩。过了几天，云儿又一次被叫到校长办公室，这次共有七个女孩。两位年长女军官没出现。第三次云儿被叫到校长办公室只剩三个女孩了，跟她们谈话的是一个中年男性军官。男军官手握一摞厚厚的材料，详细询问每个人的家庭情况，他还不时地看看材料。云儿估计那是她们的家庭档案材料。云儿那时刚过14岁，男军官反复问她为什么年龄会这么小。云儿做了解释，男军官喃喃自语"太小了，太小了。"一副很可惜的样子。这次谈话后同学中盛传云儿会入选，因为云儿比那两位女生要漂亮得多。

过了几星期后，最后三个入围者中的一位姓姚的同学从学校消失了。那年头走后门内部当兵这类名堂很多，班上有些同学常是第一天课还上得好好的，第二天就神秘失踪人间蒸发了。姚同学的失踪并没引起太多的议论，过了一阵子消息传来，姚同学被招进了大桥四处，去桥头堡做了一位工作人员，这在当时是一个令人羡慕的工作。

几年后，云儿听她们学校的一位老师告诉她当时那些军人来学校的目的是"选妃子"。这位老师家住海院（南京海军指挥学院），消息十分灵通。云儿还去过桥头堡找姚同学玩，姚同学告诉云儿，有一位来自十一中的女孩和她情况类似一起被招进桥头堡。

如此兴师动众满天下为储君挑一个儿媳妇好像历史上不曾有过，特别是发生在斗私批修革命口号喊得震天响的年代中，整个是一出讽刺大剧啊。

原文写于 7/25/2008 修改于 11/20/2021

7. 忆苦饭

"天上布满星，月牙亮晶晶。生产队里开大会，诉苦把冤伸……"广播喇叭里一遍又一遍地放着那个年代流行的忆苦思甜革命歌曲《不忘阶级苦》，2000 多同学排成队盘腿坐在操场上，太阳热辣辣地照在身上，把人快要烤干了。每个班级前放着一个大木桶，桶里装的是热气腾腾的"忆苦饭"。

这是我们在中学里的一天，那天进行的是忆苦思甜教育，全校集中在大操场上吃忆苦饭。那天好像没人做什么忆苦思甜报告，大桶大桶的忆苦饭抬上来就开吃。我们每人分到一碗忆苦饭。一碗黄不黄绿不绿的汤，散出一阵阵酸臭味。汤上漂着几片大大的说不出名字的野菜叶，碗底沉着豆腐渣和米糠。我们捏着鼻子，硬是把一大碗忆苦饭吞咽下去。"不忘阶级苦，牢记血泪仇。不忘阶级苦，牢记血泪仇。"广播喇叭里《不忘阶级苦》高亢的结尾把现场的悲愤气氛推向高潮。吃忆苦饭的目的是让我们了解在万恶的旧社会穷人的生活有多苦，感觉今天在新社会里人民的生活有多甜，从而加深对领袖和党的认同和热爱。

在我们中学操场上发生的这一幕只是六七十年代盛行于中国的一种忆苦思甜阶级教育形式的缩影。中国大陆 50 岁以上的人可能都在某个场合吃过这种忆苦饭，受过这种忆苦思甜教育。

忆苦思甜教育是从土改时的诉苦运动发展而来。我在网上读到叶匡政的一篇记述土改诉苦运动的文章，这篇文章对土改诉苦运动做了深刻透彻的分析。诉苦运动还是中国人民解放军在 1947 年冬至 1948 年夏进行的新式整军运动的主要内容。土改和新式整军运动对共产党打天下坐天下起了十分重要的作用。解放后大规模的忆苦思甜教育始于 1962 年伟大领袖提出"千万不要忘记阶级斗争"的口号后，当时人们刚从三年大饥荒中缓过劲来。这种洗脑式的教育是全方位的。从旋律优美的儿童歌曲《听妈妈讲那过去的事情》到雷锋叔叔的"旧社会鞭子抽我身，母亲只会泪淋淋。"从坐过水牢的冷妈妈对四川恶霸地主刘文彩的血泪控诉到大型泥塑群雕《收租院》的展出。

这一切似乎使人们忘记了刚刚捱过去的饥饿之苦，仇恨集中指向万恶的旧社会。再怎么样也不能回到万恶的旧社会去"吃二遍苦，受二茬罪"。忆苦思甜教育一直持续到文革期间，深入到社会的每一个角落。

当时对下乡知青这种忆苦思甜教育也十分普遍，可在知青对这类忆苦思甜的回忆中不约而同地说起这样的故事，旧社会苦大仇深的老贫农在诉苦时讲着讲着就诉起了在三年大饥荒中所受的苦。我的两个姐姐都是下乡知青，她们都听过类似的这种时光倒错的忆苦思甜报告。我相信这些农民说的都是真话。事实上，中国农民在三年大饥荒中所受的苦超过万恶的旧社会让他们所受的苦，超过历史上任何暴政让农民所受的苦，不用去追忆那一幕幕悲惨的细节，单是饿死的人达数千万这一数字就充分说明了问题。这种对知青的忆苦思甜教育极具讽刺意义，原来的目的是让知青们了解旧社会，加深对领袖和党的认同和热爱，但结果恰恰相反。很多知青正是通过参加忆苦思甜教育，了解了三年大饥荒（官方的说法是"三年自然灾害"）的真相，了解了农民的真实生活，开始对领袖和党发生怀疑，开始了对中国未来之路的思索。

我有时也会给女儿来一点忆苦思甜，说说三年大饥荒饿肚子的苦，文革中家里人挨斗的苦，中学里吃忆苦饭的苦，刚到美国时打拼的苦。女儿会说她也吃过苦，有一次放学下大雨，她没带伞，家里人忘了去接她，她从校车站跑回家，被雨淋得透湿。这就是女儿能说出的她吃过的最大的苦。

原文写于 8/1/2008 修改于 11/20/2021

三、工　厂

1. 初进工厂

1970年底,我在中学两年多了。一天,学校组织我们这个年级外出拉练。我们背着背包绕南京城走了大半圈几十里路,傍晚拖着疲惫的脚步回到学校。连长(相当于年级组长)通知大家明天早上到学校有重要事情宣布。我们都不知发生了什么事,有些消息灵通的同学说是要分配工作了。

第二天早上,我们早早来到学校,只见连长站在一张水泥乒乓球台上,手上拿着一摞报到通知单正在派发。不一会儿叫到我的名字,我接过通知单一看,我被分到XX化工厂并且当天就要去报到。我拿着通知单发愣,搞不清东南西北,不知怎么去这个工厂。还好有个我们同班的同学小桂也分到这个厂,小桂说他知道这个厂在哪里,让我跟他一起走。这家化工厂位于定淮门外秦淮河畔,交通很不方便,从离厂最近的公共汽车站三排楼车站下车还要走三、四十分钟。我们决定步行过去。

就在我们被分配进工厂的那两三个月里,南京市所有的"新三届"全部进了工厂。两年多前,我们齐刷刷地进了中学,填充了老三届学哥学姐们下乡插队后留下的空荡荡的校园。现在我们又齐刷刷地走进工厂,把校园留给了学弟学妹们。因为经历相同,这就形成了新三届这一特殊的群体。新三届在文革初期年纪尚小,没有经历大串联,没有参与文革初期的暴力行为,后来又躲过上山下乡这一劫。在那个动荡不安的年代里,比起老三届,进了工厂的新三届们生活要平顺得多,其中大多数人没有跌宕起伏的人生。所以这批新三届一般不像老三届那样对社会对人生有较深刻的理解。

与潮水般以老三届为主体的插队知青文学作品比较，多年来鲜见令人印象深刻描写新三届在工厂生活的文章和小说，这本应成为插队知青文学的补充甚至姐妹篇。插队生活与城市生活之间有强烈的反差对比，加之有一批才华横溢的老三届作家，这使得插队知青文学常火不衰。相比之下，工厂的生活要平淡得多。想想也是，如果把流行歌曲《小芳》中"村里有个姑娘叫小芳"换成"厂里有个姑娘叫小芳"，那要苍白许多，减弱了那种生离死别的感觉。

我们这批在中学匆匆度过两年就进了工厂的新三届成为城市青年中受教育最低的一群人，其中大多数人也就是小学四、五年级的文化水平。1977年高考恢复后，新三届根本不是基础扎实的老三届和后来读过高中的学生们的竞争对手。而在90年代的国企职工下岗潮中，新三届们首当其冲，许多人40来岁就下岗或退休了。

嘿，扯远了，别耽误了去工厂报到。

走了一个多小时，出了定淮门都快到秦淮河边了，一个工厂的大门蓦地出现在眼前，大门旁挂了一个大牌子，上面写着"XX化工厂"。这就是我后来在这里度过了八年的工厂，16岁到24岁，这是人一生中诗一般梦一般的年华啊。

接待我们的是政工组长大李，政工组相当于文革前的人事科。大李是一位复员军人，穿一身洗得发白的军装。我们学校分来的十几个同学先后到达。坐定下来，大李开口第一句话就是，"欢迎大家来我们厂工作，从今天起你们就是工人阶级的一员了。"哟嗬，两小时前还被工人阶级领导着，一眨眼就跻身于领导阶级的行列，还真有点转不过神来。大李接着说，"我们这个厂是一家全民所有制的厂。"

"那还有什么制的厂呢？"有人问。

"集体所有制呀，也叫'大集体'。"大李答道。

"那这两种厂有什么区别呢？"

"全民所有制厂福利好。"

"什么福利？"

"譬如说，退休后可以拿退休工资。"

三、工厂

"那什么时候可以退休呢？"

"60岁吧。"

"60岁？！"

"60岁。"

我们这一拨人不跳级也不留级的话当时是16岁，60岁时要发生的事好像离我们也太远了些。大李接着介绍了工厂的情况。这家化工厂是1958年大跃进的产物，是由一个街道小厂发展起来的。工厂的主要产品是有机玻璃。这是当时南京唯一能生产有机玻璃合成单体的工厂。书记是一位老革命，参加过渡江战役。在我们这批学生到来前，厂里有近200名职工，其中有10多位大学生。这些大学生有的还来自名牌大学，如清华大学、复旦大学、上海华东化工学院等等。工厂虽小却也是藏龙卧虎人才济济。

大李最后不无得意地告诉我们，这次共招了100名工人，50名男工，50名女工。全部新工人都来自鼓楼区的学校。南京的鼓楼区是省级机关和高校比较集中的地区，一般认为鼓楼区学生的素质要高一些。

接下来的几天就是各种条例的教育和学习，枯燥又无味。我们都希望学习赶快结束，下车间去。

我们这批年轻人的到来给这个小厂带来了生气，带来了活力，也带来了说不完说不清的话题。年长一些的师傅说，看吧，再过两年这个厂可就热闹了。年轻的复员军人单身汉们虎视眈眈有了目标。

下班路上，我们喜欢结伴而行。人群中有个二中来的小杨。小杨读过一些书，没事喜欢写两句诗。昏黄的路灯照在高低不平的卵石路上，小杨来了诗兴，他朗诵道："在这高低不平的小路上，我们，我们将走上10年，20年，直到退休。啊……"最后这声怪怪的"啊"逗大家笑得前仰后合。那时，我们是快乐的。是的，我们年轻，我们没有理由不快乐。

这几天里，有一个漂亮的女孩引起了大家的注意。她一会儿领大家唱歌，一会儿上台发言，十分活跃十分抢眼。顺便说一句，那时人们对漂亮女孩的关注一点也不亚于现在。有人很快打听到，她来自二中，是校毛泽东思想宣传队舞蹈队的主力。这个厂里大家公认最漂亮的女孩八年后我考上大学前成为我的女朋友，大学毕业后她嫁给了我。后来她成为我两个孩子的妈妈，现在是与我终日相厮相守的"老伴儿"。

哟，跑题了，打住打住。

原文写于 8/27/2008 修改于 11/26/2021

2. 打倒江青

上世纪70年代初，作者在一工厂学徒。

一日，厂里召开批"五.一六"大会。发言者鱼贯登台，读讲稿，呼口号。此其时司空见惯，众不以为意，昏昏欲睡。最后登台者为常师傅。常师傅，为人木讷寡言，走路低头，恐踩死蚂蚁。斯时，常稿读毕，忽大呼"打倒江青（毛泽东夫人）！"。众惊醒，手臂半举，然面面相觑，未敢呼应，惶惶不知所措。政工大李，箭步上前，指常厉喝："你呼此反动口号，知罪否？"席间窜出二彪形大汉，当场将常拿下，扭送禁闭室。

政工审常之动机，常曰："本想打江渭清（前江苏省委书记），谁知正打歪着，误伤今后。"政工再审常之讲稿，讲稿中未见"打倒江渭清"。常辩曰："江渭清为本省最大走资派，打他一把，何罪之有！"政工又审常之历史。常师傅三代赤贫，靠政府资助读完中专，且平日工作勤勤恳恳，无可挑剔。政工无奈，只得开禁放人。

数年后，四人帮粉碎。作者与常师傅谈及此事，常曰："当时就看出那女人不是好东西。"

是年，能当众呼此"反动口号"又轻松逃脱，实属不易。常师傅，奇人也。

原文写于 4/30/2008 修改于 11/26/2021

3. 深挖"五·一六"

我们进厂后不久，赶上了厂里开展的深挖"五·一六"运动。

1970年初至1974年全国范围内开展了清查"五·一六"分子运动。全国约有数百万人被打成"五·一六"分子。其速度之迅猛、打击面之广、斗争之残酷，手段之神秘，为解放以来历次政治运动所罕见。史家称深挖"五·一六"运动是文革中最大的冤案。其实岂止是文革中最大的冤案，说它是建国以来最大的冤案也不为过。反右运动不管人们认为是多么强词夺理，中央还是认定了五名右派，地方上认定若干。深挖"五·一六"运动认定的"五·一六"分子全国没有一人。也就是说运动发起者领着人们堂吉诃德斗风车似的与一个子虚乌有的"五·一六"反革命集团斗了整整四年。江苏的深挖"五·一六"运动尤为残酷，致死数千人。我们小学的罗老师就是在深挖"五·一六"运动中自杀身亡。

1971年初的某一天，厂里召开大会。政工大李宣布厂里挖出四个"五·一六"分子，要把他们隔离审查。他们是老王、大徐和小刘，还有一个我记不起来了。老王和大徐文革开始后早几年是活跃分子。

老王是个大学生，山东人，直率豪爽，颇有魄力，他是厂里保守派组织赤卫队的头头。当时南京工交系统有两大派组织，红总和赤卫队。红总是造反派，赤卫队是保守派，俗称"老保"，赤卫队的后台是江苏省委。1966年底两派不知为什么原因发生冲突，赤卫队要步行、拦火车去北京上访。老王接到赤卫队上级通知要组织人参加这一行动。那天下班老王把一干赤卫队员拦在了厂门口，动员他们随他去上访。当时正值寒冬，天气很冷，加上干了一天活，大伙儿都挺累的想着赶紧回家。老王一看响应不热烈，急了眼，拍着胸脯大喊："要革命的跟我走，不革命的滚他妈的蛋！"牛气十足。就这样老王纠集了20多人去了浦口。由于通信不畅，老王他们没跟大部队联系上，在浦口待了一夜。第二天老王他们一伙人饥寒交迫返回厂里。后来南京的这两大派组织在1967年1月3日发生大规模武斗，在南京称为"一·三事件"。"一·三事件"后中央表态支持红总，让省委做了检查。1月26日红总借"一月风暴"之势干脆夺了省委的权，从那以后省委完全丧失了控制局势的能力，各级赤卫队组织随即土崩瓦解，老王也就一边歇着去了。老王他们北京上访这件事厂里工人当笑话说了好几年，不想这成为老王被打成"五.一六"的主要罪状。

大徐是个中技生，制模车间主任。大徐的罪状是1967年南京"倒许乱军"时在萨家湾南京军区前摆"测字摊"。1967年夏，红总动员了大大小小几百个战斗队"倒许"，叫板当时南京军区许司令。倒许大军在中山北路上安营扎寨，每个战斗队设立一个摊位，就像现在商厦城里的小商贩摊位，挨挨挤挤，绵延数公里。摊位前贴满了标语大字报，飘舞着战斗队的旗帜，煞是热闹。大徐也不知是哪根筋搭错了，带了一帮人也弄了一个摊位，这些摊位被厂里工人们戏称为"测字摊"。红总的"倒许火线指挥部"下了通牒，要南京军区9月2日前交出许司令。地处萨家湾的南京军区里格外冷清，军头们都不知去向。据说许司令带了一些警卫人员躲进安徽大别山中，扬言要和去抓他的造反派同归于尽，绝不让造反派抓活的。这件事惊动了最高层，周恩来下令制止了"倒许乱军"，救了许司令一把，测字摊主们则作鸟兽散。风水轮流转。1971年时，许司令主政江苏，大权在握。深挖"五.一六"是许司令狠抓的"两挖"运动之一。另一挖是挖煤，说是为了改变"北煤南运"的局面。在这种形势下，这些摆过"测字摊"的造反派们还会有什么好果子吃，大徐被打成"五.一六"就没什么好没商量的了。

小刘的情况要不同一些。小刘文革初期时在化工系统的另一家厂上班，他的一个铁哥们是那家工厂的造反派头头。这小子很贼，在听说要挖"五.一六"，他来了个36计走为上，溜得不知去向。这个厂的深挖小组想从小刘身上打开缺口，就通过我们厂把小刘打成了"五.一六"。

一下隔离了四个五.一六分子，需要人看管。政工组安排每一个五.一六分子由两人看管，一名复员军人，一名才进厂的小青工。我被选上去看管小刘，这多少有点意外。那时我父亲在干校正被人看管着，我算是一个"可以教育好的子女"，那几年一直灰溜溜的。"可

三、工厂

以教育好的子女"是那个年代专指被打倒和正在被打倒的干部的子女，意思是说你们这些人的父母已没救没戏了，可你们还是可以教育好的，好像我们这些人生来就带有原罪，需要特别的教育才能成为好人。被选上看管"五.一六"的还有一个青工小丁，小丁的父亲是南京无线电工业学校的书记，是个走资派。看来厂里并没有歧视我们这些"可以教育好的子女"反而委以重任。和我一组看管小刘的复员军人是个大龄单身汉，外号"老肥"。

关小刘的"号子"是由一间新盖好还没使用的厂房改造而成。墙角用木板隔出一个四、五平米的小笼子，里面能放一床一桌，笼子上着锁，小刘就关在里面。我和老肥在外间支了两张单人床，一星期七天，一天24小时严密把守。我们的任务就是看住小刘，不让他逃跑，另外督促他完成深挖小组让他写的检查。

小刘当时也就20来岁，文革前的高中生。小刘在笼子中除了写检查外，唯一能做的事就是读毛选四卷。小刘笔头很快，写上三、四张信纸的检查中间不带打顿的，毛主席语录大段大段地引用，轻而易举就把自己批得体无完肤。我们几乎没什么事可做，就这么干耗着。时间一长，老肥有点耐不住了。老肥30多岁，当时这把年纪还没讨上老婆的人不多，厂里有不少热心的红娘在为他介绍对象。经常是一到晚上，老肥就穿得整整齐齐，皮鞋擦得铮亮出去了，直到半夜才回来。有位女性李师傅上夜班时常来找老肥，厂里人都传他俩有点"那个"。这位李师傅年近40，扬州人，生得小巧玲珑，徐娘半老风韵犹存。我当时可能是年龄尚小，木里十骨的（南京方言懵懵懂懂，不开窍之意），看不出他们之间有什么"那个"。但李师傅嗲嗲的扬州话开口闭口"死老肥死老肥"的，听起来有点瘆人。阶级斗争归阶级斗争，生活仍在继续着。

小刘原来厂里的深挖小组来提审过小刘几次，有一次是夜里突击提审。那天深更半夜的，深挖组长带了一伙人赶来不由分说把小刘拉出来就审问。我和老肥睡眼惺忪困得不行，没办法只好在一旁陪着。深挖组长凶神恶煞拍桌子打板凳要小刘说出他哥们的下落。我听着听着慢慢搞清楚了，这伙人其实并没有掌握把小刘直接打成"五.

29

一六"的材料，只是想通过小刘找到小刘的那个哥们。那天那伙人问了半天也没问出个结果。

  几个月过去了，我们阶级斗争这根弦有点放松。一天我带小刘出去放风，回来没把笼子门锁上就溜到车间找人聊天去了。聊着聊着我忽然想起这事，赶紧跑回去。我急急忙忙冲进门一看，小刘安安静静坐在笼子里看书。小刘是个鬼灵精，他知道我在急什么，他说，"其实你不用这么紧张，我不会逃跑的。像你们这种看守法，我要想逃早就逃掉了。我什么事都没有，逃什么逃。我要是逃走，说我一个畏罪潜逃，没罪也变成有罪了。"他看来对自己的处境有清醒的分析。从此后我们心照不宣，我经常带他出去放放风，遛遛弯，高兴时还聊上两句。有一次小刘说，这深挖"五.一六"就是许某某搞的鬼，这家伙不是个好东西。在当时的情况下，小刘居然敢指名道姓骂许司令，胆可够大的。

  还有一次我带小刘去食堂买晚饭，看见几个和我们一起进厂的小青工在打乒乓球。他们看见我就招呼我一块儿玩。我从小就爱打乒乓，而且自认为球技还不错。我让小刘在一边坐着，准备打两局就走。小刘看我们打了一会儿，站起来问能不能让他打几个球。我们还没反应过来，他拿起一块拍子就开打。小刘这一出手把我们都看呆了，他不折不扣是个乒乓高手！小刘是右手直拍两面攻打法，他反手进攻尤其刷刮（南京方言干净利落，不拖泥带水之意），一看就知道受过正规训练。我们轮番上台和他较量，除了我赢过他一局外，其余的小青工都被他打得稀里哗啦。能和这样的高手过招我们都觉得很过瘾。小刘不打球时在一旁指手画脚做起了教练。那一刻我们差不多忘了小刘是一个正在受审的"五.一六"分子，准阶级敌人。那天我们打了三个多小时才停。第二天政工大李托人带话来，让我们绷紧阶级斗争这根弦，并说不容许这样的事再次发生。

  半年多后，深挖"五.一六"运动渐渐冷却，厂里把四个"五.一六"都放了。抓他们的时候大张旗鼓，放他们的时候无声无息。那年头……，说什么好呢。但平心而论，我们厂的深挖"五.一六"运动算是温和的，没有暴力行为。

小刘放出来后我们一起参加了厂乒乓球队,经常出去打比赛。有天晚上我们打完一场球赛一起骑车回家。那天我们赢了球,大家心情格外舒畅,不知谁提起当年的深挖"五.一六"运动,我对小刘说,"怎么样,当时我没亏待你吧?"

"是的,是的。"

"我要是把你那些反动言论汇报上去,你小子可要吃不了兜着走啊。"

"哈哈哈哈…,谢谢,谢谢,我知道你不会的。"

"……"

原文写于9/4/2008 修改于11/26/2021

4. 棋王

上世纪70年代,我在南京一家化工厂当电工时,厂里有位象棋高手高师傅。高师傅是扬州人,瘦瘦矮矮,貌不惊人,但他的中国象棋功夫十分了得,是大家公认的棋王。高师傅自幼习棋,不知拜的何方神圣为师。他参加过大大小小无数场比赛,成绩斐然,在南京市小有名气。高师傅业余时间在南京市工人文化宫任象棋教练。文革前的某一年,全国象棋冠军胡荣华莅临南京市工人文化宫指导下棋,高师傅赢了胡一盘棋。这是高师傅棋艺生涯中的一个亮点。我在厂里认识高师傅时,下这盘棋已是十多年前的事了,可高师傅只要一提起这事立马两眼放光,口述复盘,开局如何,中盘如何,结局如何,滔滔不绝,得意之色,溢于言表。

看高师傅下棋那只有一个字,爽。高师傅棋风精准犀利,犹如一把生鱼刀片。跟厂里人下棋他至少要让"一马二先",即让掉一马,再让对方先开局,有时他索性让出车马炮半壁江山。即使这样,厂里很少有人赢过他哪怕是一盘棋。有一次高师傅"盲目"同时与五人对弈,只见他蒙目端坐,气定神闲,口中念念有词。几十回合下来,参赛者个个被他杀得丢盔卸甲落荒而逃。高师傅俨然一个出征的大将军,所向披靡,锐不可当,横扫千军如卷席。

高师傅在厂里带了一个象棋队,他亲自授课,孜孜不倦。几年下来,这支队伍进步神速,骁勇善战,打遍周边工厂无敌手。高师傅的象棋队中有一张王牌,这就是他的高徒网子。网子伶俐聪慧,颇得高师傅真传,棋风既有高师傅的凌厉,又十分稳健,人称小棋王。

我小时候也很爱下棋、打谱。什么"屏风马对当头炮","顺手炮直车对横车"的棋局也背了不少。有一次跟住我家对面的小四子下棋,大战25盘,从清晨一直下到深夜,杀得天昏地暗,结果是12胜,11负,2和。那晚睡觉满脑尽是车马炮。我在厂里从来没对人说起我会下棋,厂里高手太多,怕人说我是"棋篓子"(南京人对棋艺不佳者的戏称)。

一天我在电工房值班,网子上夜班不忙,溜过来聊天。我有点手痒,也想试试自己的棋力,提出跟网子杀一盘,网子欣然同意。我以当头炮开局,网子以屏风马应之。前十来回合双方按基本套路走得中规中矩不分上下。进入中盘,网子弃马抢先略占上风。接着网子就势赚回一炮使我明显处于劣势。我奋力拼搏缠斗二十几回合但一直无法扭转局面。进入残棋阶段网子更是得心应手细腻缜密。十几回合下来我回天乏力只得推盘认输。这盘棋网子通盘没用什么凶招狠招,我只觉得被他撒的一张大网罩住,纵有18般武艺也难以施展。网口一点一点收紧,任你如何挣扎都无济于事,最后只得乖乖束手就擒。那种被困、被闷、被窒息的感觉我自小下棋从未有过,难受啊。网子果然是小棋王,技如其名,好厉害的一张网。下完棋网子看我愣愣的不吱声就安慰我,说我下棋基本功不错,开局很规范,并说要建议高师傅让我参加他们象棋队训练,我当然求之不得。后来高师傅还真同意了,可这时恢复高考的消息传开了,我的注意力转到高考复习上,没去参加象棋队训练,怕玩物丧志,耽误了大好前程。

一晃30多年过去了。现在想起来有点后悔,当时我要是挺一挺去参加象棋队的训练就好了。眼瞅着要退休了,退休后找人下下棋,咱也来困、闷、窒息对手一把，不亦酷乎。

2001年我回国探亲见到棋王高师傅了，他住在南京北郊他女儿为他买的一幢别墅里，安度幸福晚年。小棋王网子没有消息。

原文写于 9/18/2008 修改于 11/27/2021

5. 王师傅

1970年底，我们100名来自南京市鼓楼区各所中学的学生分配进地处定淮门外的一家化工厂工作。好不容易挨过了两个星期枯燥无味的新工人入厂培训，我们11个青工，三男八女，分到三车间的372组。

三车间是一个开发研制新产品的车间。372组的主要任务是开发一种用有机玻璃单体为原料，可塑性较强的塑料，组里当时有十来个工作人员。我们分去的第一天组里开会介绍情况，我注意到了一位知识分子模样的师傅。他戴一副透明边框的近视眼镜，头顶上稀稀落落的头发勉强遮住脑袋，一口缓缓的浙江官话，谈吐举止间透着儒雅之气。他是王师傅，是负责组里开发项目的技术员。王师傅看上去近50岁，很老气。其实他当时才36岁，按现在的标准应该还算是青年人。

我们三个男青工当上了检修工，加上一位潘师傅，我们分两班倒，王师傅上长白班。车间地方有限，大家吃饭休息都挤在一间小小的男工更衣室里。王师傅工作很忙，抽空他会给我们几个青工上一些技术课。班组里还开展了"一帮一，一对红"活动，我和王师傅结成了互帮互学的"对子"。几个月下来，我们都比较熟悉了，我也知道了一些王师傅的情况。

王师傅1934年出身于浙江温岭的望族，1952年他考入上海华东化工学院。华东化工学院，其办学历史可以追溯到100多年前的南洋公学和震旦学院，是在1952年全国院系调整时，由交通大学（上海)、震旦大学（上海）、大同大学（上海）、东吴大学（苏州）、江南大学（无锡）等校的化工系合并组建成的全国第一所单科性化工院校。1956年王师傅毕业分配到北京化工部工作，住在北京的"百万庄"（地名），年纪轻轻，踌躇满志。不想一年后他不知说了什么牢骚怪话被打成了右派，1961年他顶着"摘帽右派"的帽子被贬到南京这家小化工厂。王师傅的家也从北京的"百万庄"搬到南京的"破布营"（南京新街口那里的一条街名）。王师傅是厂里的第一个大学生，别看政府对他不怎么样，厂里可把他当个宝。王师傅到厂里报道的那天，工人们成群结队去"看大学生"，差点没把人事科的窗框挤破。厂里后来又来了些大学生，成立了技术组，王师傅担任组长。那几年里王师傅组织开发了几个产品，为工厂的建设立下汗马功劳。文革开始后，一切都乱了套。一个工人出身的技术员当上了技术组长，王师傅下放到制模车间，做最基本的手工劳动。文革高潮过了以后，厂里安排王师傅去了三车间的372组让他负责技术开发工作。我们就是这时进了工厂。

　　王师傅没有知识分子的架子，待人一团和气。他与工人师傅们关系处得很好，时不时地在中午吃饭休息时间招几个人来打牌，输了脸上贴纸条，钻桌子，玩得很投入。我有一次问王师傅是不是真的觉得这牌打得很有意思，他说，你知道吗，这是我每天中唯一的一点娱乐。我当时没全明白他这话的意思。

　　王师傅颇有文学功底，闲来无事吟诗诵文自得其乐。有一次他和几人打牌，我在旁边看。他牌打到最后，见大势已去，就把一手牌扔在桌上，叹道："流水落花春去也"，我下接一句"天上人间"。王师傅侧转过身，略显诧异地看着我说，"小伙子看来读过几本书啊。"

　　王师傅的爱人是省交际处的一位俄文翻译，当时下放在省级机关在句容下蜀镇的"五七"干校。交际处与我父亲所在的教育厅同属文教宣传口，所以她和我父亲在干校的住处相距不远。从他爱人那里以及和我的交谈中王师傅知道了我父亲和我们家的不少情况，我们慢慢变得很熟悉，成了忘年交。有一次王师傅对我说，你父亲为人过于耿直，这样会吃亏的。我感激王师傅的善意提醒，也似乎看到了王

三、工厂

师傅在从一个敢说敢讲的小伙子变成一个一团和气的"老师傅"的过程中生活对他的磨炼。

文革开始后的两年中,我们闲散在家。闲散归闲散,但我没荒废。这两年里我学了一个本事,装半导体收音机。闲聊中间王师傅知道我有这一特长,他把这事放在了心上。一年多后,王师傅调离了372组,去了实验室。听说机修车间电工班要增加工人,王师傅动用了他在厂里的各种关系,上至政工组、技术组的头头脑脑,下至电工班的师傅,把我调进了电工班。这是一个跨车间的调动,而且电工又是一个令人羡慕的工种,可想难度有多大。这件事王师傅从头到尾没和我提过一个字,我当时糊里糊涂进了电工班,很长时间后我才知道内情。

顺便提一下,那个和我同一天进厂,全厂公认最漂亮,在我大学毕业后嫁给了我的那个女孩也在机修车间,她是车工。我们的生活道路在这里交汇。几年后,她担任了车工班的班长,我成为电工班的班长。我调进电工班不仅改变了我的工种,更是我人生轨迹的一个转折点。现在看起来这多少有点偶然。哟,又跑题了。

王师傅在实验室,我在电工班,我们的接触少了些,但他还是想方设法帮助我,我有事也愿意找他,听听他的意见。有一阵我想搞点技术革新,但想不到合适的项目,也没有资金。我去找王师傅商量,他想了一会儿说让我给他们实验室做一台可控硅恒温装置,这台装置其实对他们实验室可有可无,王师傅是想给我一个锻炼的机会。我忙了一个多月做成功了。借这个机会我们购买了一些设备和元器件,也积累了经验,为后来的技术革新项目打下了基础。

大概是在1973年的时候,有一次王师傅来电工班有事,我正在看一本半导体收音机原理和装修方面的书,书中关于"增益"的计算让我很困惑。本来一台收音机总的放大倍数应是每级放大器放大倍数的乘积,但取了增益后总增益是每级增益的和,也就是说,通过增益乘法运算变成了加法运算。我实在弄不明白,就向王师傅请教,因为我听说王师傅数学很棒。王师傅拿过书瞄了一眼说,"所谓'增益'就是放大倍数的对数,取了对数,乘法运算就变成了加法运算。"

我听得似懂非懂，有点不甘心又问，"为什么取了对数，乘法运算就会变成加法运算呢？"王师傅问我在学校里数学学到什么程度，我说大概能解一元一次方程吧。王师傅摇摇头说，那没法跟你讲清楚，对数在文革前差不多是初中二、三年级的内容。王师傅走后我愣了半天，用现在的话来说就是很郁闷。与王师傅的这次交谈激发起我学数学以及中学其他学科的兴趣。我收集了好多本文革前的中学数理化课本，有的是通过一个分在废品收购站的同学收集来的，还有的是在一些旧书店里买到的，这在当时很不容易。在后来的几年中，我一本一本地学，一门一门地啃，王师傅对我的学习给了很大的帮助，一直到1977年我考上大学。王师傅可算得上是我的启蒙老师。

为了能找到更多的学习资料，王师傅让我去市图书馆看看。我们厂有一个南京市图书馆的借书证，那几年基本上都是王师傅在用。我去图书馆借了几本书，出于好奇，顺便翻看了一下王师傅的借书记录。好家伙，王师傅这几年里借了有一、两百本书，有的还是英文和日文书。这些书大部分是化工方面的专业书籍，也有一些政治，哲学和文学方面的书。我知道王师傅中学时学的是英文，在大学里又学了一点俄文，我没想到他还会日文。我忽然明白了王师傅说的有时他中午打打牌就是他唯一的一点娱乐活动这句话的意思。厂里没有多少人知道那些年里王师傅一直在默默地走着他的"白专道路"。

王师傅还有一个爱好，猜谜。文革中的后两年，社会上的气氛宽松一些。南京市工人文化宫过年过节时会办个联谊会灯谜会什么的，王师傅是灯谜会的常客。王师傅猜谜有个特点，简单的谜他从来不会去抢着猜，他只对那些难谜、冷谜、偏谜感兴趣。灯谜会上的前半场王师傅通常就是闲逛逛，看看热闹。到了后半场，容易的谜都让别人猜得差不多了，王师傅才开始出手。他一出手，往往就把剩下的难题一网打尽。王师傅猜谜只为娱乐，从不去领奖品。一来二去，工人文化宫的工作人员都知道他是猜谜高手，尊称他为"王老"。有一次王师傅出了一个谜让我猜："无边落木萧萧下"，打一字。我丈二和尚摸不着头脑，不知从哪猜起。王师傅解释说，南朝宋齐梁陈这四个朝代齐、梁的皇帝都姓萧，所以萧萧下是陈，繁体陳字拿掉偏旁再把東字中的木去掉（无边落木），所以答案是"曰"或"日"。王师傅又说，这是一个著名的字谜，胡适称之为"笨谜"，也就是说，除了谜的作者外，没人能够猜出。我听得饶有兴趣，猜不出归猜不出，能长知识也不错。王师傅还给我介绍了一些猜谜的基本知识，像什么"徐妃格""卷帘格"等等。我当时好像是听懂了，可没过多久就全忘了。

1976年，金秋10月，英明领袖华主席一举粉碎四人帮，人心大快。在后来的几年以至几十年中，整个社会像装上了加速器，迅速发展。

1977年6月中央决定在来年三月召开全国科技大会。1977年8月中央决定恢复高考制度，而且当年就改。形势发展快得让人眼花缭乱，目不暇接。这是我人生的又一个转折点。回想起来真有点悬，要不是王师傅那次和我关于"对数"的对话，让我脑筋急转弯，套用一句话，我真不知还会"在黑暗中探索"多久。

南京市在1977年的11月初先于全国科技大会召开先进科技工作者大会。经过全厂几上几下反复讨论，我和王师傅最后胜出，代表我们厂出席大会。王师傅是知识分子"臭老九"，我是"50后"小青工，能在"四害横行"的年代搞科研搞技术革新，确实不易。从一进厂在372组和王师傅结成"一帮一，一对红"的对子，到七年后我们一起出席南京市先进科技工作者大会，偶然中有着必然。去开会的那天，厂里为我们举行了隆重的欢送仪式。工人师傅们在厂门口敲锣打鼓，夹道欢送，还放了鞭炮。我和王师傅胸戴大红花，像迎亲的新郎官。虽然置身于喧闹的人群中，我只注意到有一双眼睛在注视着我，那是一种小芹看着当了模范披红戴花站在讲台前的二黑哥的眼神。没错，就是她，漂亮的车工女孩。嘿，别走神儿啊，还要去开会呐。

这次开会时间上很尴尬，因为半个多月后我要参加第一轮高考，江苏1977年的高考分两轮进行。这次会议对我来说很重要，这是对我多年来努力工作的一个肯定和褒奖，我是不可能缺席的。鱼要了，熊掌也不能丢。我准备了一大堆高考复习材料带到会议上去看。会议开得风风光光热热闹闹，可我的心思不在上面，只要是讨论会我就坐在最后一排，拿出复习材料做习题，王师傅经常就坐在我旁边帮着我一起复习。就这样，开了五天会，王师傅陪我做了五天习题。

临考的前一天，我还在上班，王师傅特地来电工班一遍又一遍地叮嘱我考试时要注意的事项。他说我是自学出来的，最容易犯的毛病就是粗心，所以一定要细心再细心，尽量争取时间检查验算。

第二天我作为 570 万考生中的一员进入考场。两个多个月后我作为 27 万多 77 级新生中的一员进入大学。高考制度的恢复改变了我个人的命运，更标志着整个国家的复苏和新生。我相信，在每一个 77 级大学生的背后，特别是来自工厂和农村的 77 级大学生的背后，都有一个令人难忘的故事。

我上学后不久，王师傅当上了副厂长。几年后他调到南京金陵石化当了高级工程师。

我大学毕业后忙结婚，忙孩子，忙读研究生，忙出国，昏天黑地，一忙就是十几年。

1994 年夏天，我来美五年后第一次回国探亲。那时我还在学校念书，暑假时间很充裕，在南京一住就是五个星期。我抽了一天时间去拜访王师傅。很久没有联系，王师傅是不是还住在老地方，我没有把握。凭着记忆我找到了王师傅在新街口破布营的住处。王师傅家原来住的小平房已经不在了，代之以一栋五、六层的居民楼。我向门房大爷打听，得知王师傅家居然就住在这栋楼三楼的某单元。我喜出望外一路小跑上楼敲开了房门，开门的正是王师傅。我的"从天而降"让王师傅大感意外，他愣了半天说，"你，你不是出国了吗？" "是啊。这次回国探亲，特地来看望您。" "哎哟，不敢不敢。" 王师傅缓过了神，恢复了往日的风趣。我们坐定下来，聊起了这些年来各人的经历。

和王师傅聊天是一大快事，你能感觉到他驾驭语言的能力，体会到他的博学、睿智和幽默。王师傅完全是个老人了，头顶上的头发已经掉光。他举止依然儒雅谦和，但言谈多了几分犀利。我们天南海北聊得无拘无束。王师傅他们院子隔壁是新华社江苏分社，盖了一栋大楼。我们从这栋大楼谈起，谈到 1958 年的大跃进浮夸风，王师傅说，当年那些记者也有很大的责任，那些不着边际的报道和文章不都是他们写出来的吗？我说，上有所好，下必甚焉，很多记者也是出于无奈吧。他说，话虽这么说，但记者的道德良知呢，记者对社会的责任呢，到哪里去了？

我们还谈到那几年的经济发展，王师傅说，这几年经济发展是快，但有一个潜在的危机，就是人的素质越来越差。人的行为要有三个约束，法律、宗教和道德，现在的人们不讲这个，只认钱。只强调发展经济不注意提高人的素质，迟早会出问题。王师傅的话不幸而言中，最近发生的"结石奶粉"事件就是这种经济畸形发展的恶果。

王师傅仍热衷于猜谜活动，退休后这成了他的"专业"。他加入了一个叫作"游子吟谜社"的社团，帮助编辑谜社的刊物，他还上电视台做过猜谜方面的讲座，在南京谜界王师傅已是一个响当当的人物。时间过得很快，我看不早了，还想去新街口的音像店看看，就起身告辞，王师傅听说后要陪我一起去。我们下楼走出院子，漫步在破布营狭窄的街道上。王师傅领我去了中山东路上工人文化宫旁的一家音像店，我买了几盘CD，最后我们是在音像店门口分手的，王师傅看着我消失在熙熙攘攘的人群中。

后来我没有再跟王师傅联系过，几次回国探亲都是来去匆匆，没机会去拜访他。我曾访问过游子吟谜社的网站，看到过王师傅编辑的一些刊物。

要写好王师傅的故事我自然想到去网上查一查，说不定能发现什么有用的资料。我打进王师傅的名字和关键字"游子吟谜社"，万万没想到会搜到下面这条消息：

讣 告

南京市职工灯谜协会副会长王彭年先生，因病医治无效，于2008年3月2日凌晨3时许逝世，享年74岁。

王彭年先生早年毕业于华东化工学院，曾担任南京某化工厂厂长、金陵石化研究所总工程师等职务。他博学多才，温文谦虚，为诸多南京谜人视为楷模。王老在灯谜、楹联、诗钟等方面均有很深的造诣，他还是《休闲副刊》和南京新世纪灯谜沙龙网站的编辑，并积极参与游子吟网站活动，担任《附庸风雅》版主。他的逝世，是南京谜界继 2007 年 8 月汪永生会长去世后又一重大损失，也使游子吟谜友失去了一位良师益友。

　　王彭年先生千古。

南京谜友

　　我简直不敢相信自己的眼睛，我在网上仔细搜寻了一遍又一遍，发现这的的确确是真的，王师傅，他走了。

　　后来的几天中，我一直笼罩在一种悲伤的心境中，回想起很多当年的人和事。那夜，我走到户外仰望浩渺的天空，想清理一下纷杂的思绪。风轻云淡，王师傅的音容笑貌不断在我脑海里浮现，就像眼前穿行于云间的群星，时而清晰，时而模糊。

　　斗转星移，物是人非。人的一生何其短暂，何其仓促。真的是无奈，很无奈啊。

原文写于 9/25/2008 修改于 11/27/2021

四、亲 人

1. 二叔

　　1967年里的某一天深夜，我被一阵阵大声的争吵声惊醒。我起来看见满屋子里走廊上都是戴着红袖章的红卫兵，有男有女。他们围住父亲，要拿走父亲手上的一包材料。父亲跟这伙红卫兵们大声争执着。这是我妈妈学校的一伙红卫兵，那天他们是来抄"黑材料"的。他们在我父亲装文件的箱子里发现了一包材料，一定要拿走。父亲说那是他的东西，和学校无关，争执就是这样引起的。结果那些红卫兵仗着人多，强行把材料抄走了。后来的几天里，父亲的话很少，他一直陷在深深的沉思之中。

　　1974年的夏天，父亲从干校回来赋闲在家。有一天晚上我们乘凉时说起了文革初红卫兵来我们家抄家的事，我想起了红卫兵抄走的那包材料，就问父亲是怎么回事。父亲说，那是你二叔的遗物。那是二叔抗战后期和解放战争初期在疟庄中学任校长时写下的工作和教学笔记，这些材料还有一件血衣是父亲保存下来二叔仅有的两件遗物。那件血衣是二叔牺牲那天穿在身上的衣服，上面有弹孔和刺刀孔。文革前南通有一个烈士博物馆向父亲收集烈士遗物，父亲把那件血衣寄走了。这两件遗物能保存下来非常不容易。二叔牺牲后，父亲一直把这两件遗物随身带着。当时局势很紧张，为了便于行动，上级多次动员轻装。父亲扔掉了所有能扔的东西，但这两件遗物始终保存着，直到解放。文革后，这包被红卫兵抄走的珍贵材料在父亲一再寻问下才得以追回。

　　我二叔生于1922年。1940年他在鞠厦的励志中学读书时，由新四军派驻学校的负责人沈絮介绍入党。沈絮是"苏中才子"俞铭璜的夫人，中国作家协会会员，翻译过《快脚鹿》《冲击》《涅朵寄卡》等苏联文艺作品。沈絮1957年去世，年仅38岁。1941年励志中学停办，二叔和组织失去联系，后来他转至如西滨江中学简师科学习。如西滨江中学（现如皋县江安中学）是一所有着革命传统的学校。1942年秋，"七君子"之一、著名爱国人士邹韬奋先生曾来学校做报告，宣传团结抗日主张。战争期间，"全校先后有400多名学子投身革命，20多人为国捐躯"（《江安中学网站—发展记事》）。从1942年起，二叔开始担任连庄小学校长。1943年他重新加入共产党。1946年解放战争开始后，二叔任泰县曲南区文教助理、县政府督学。

1946年6月，国民党的军队对解放区发动全面进攻，解放战争全面爆发。1946年的7、8月间，粟裕指挥华中野战军三万余人，在江苏中部地区同12万国民党军展开激战，连续取得宣泰、如南、海安、李堡、丁林、邵伯、如黄路等七次战斗的胜利，史称"七战七捷"。其后，主力部队战略北撤，国民党把南线如皋、泰兴、泰县、靖江四县定为"清剿实验区"。白崇禧率兵15000余人，坐镇如皋指挥了对苏中解放区的数次清剿。这段时间这一地区的斗争十分惨烈。我二叔没有北撤，留在当地坚持斗争。在1947年1月的第一次大清剿中，我二叔不幸被捕，惨遭杀害，他牺牲得很英勇，很壮烈，当时他年仅25岁，结婚刚两个月。后来，为了纪念我二叔，泰县人民政府曾以他的名字命名连庄乡。

我在网上查到一篇关于我二叔的材料，这是一篇比较详细介绍我二叔生平事迹的文章。文章收集在如皋市丁堰小学一位姓冒的老师编辑的《经典诵读的理论和实践研究—坚强不屈篇》中。据冒老师说这篇文章是如皋烈士陵园提供的。

不管人们对国共在1940年代后期进行的那场战争会有什么样的评价，在我们这个家族中，二叔为理想而献身的大无畏气概永远激励着后人，他永远是我们敬仰的英雄，永远是我们心中的一座丰碑。

下面是我在网上查到的文章

四、亲人

英勇不屈的共产主义战士

张正煜（1922—1947）

1947年1月23日，在南线坚持斗争中，一位英勇不屈的共产主义战士，牺牲在如皋西乡朱庄。敌人把他绑在树干上，用刺刀戳他，他高呼"共产党万岁！""毛主席万岁！""打倒国民党反动派！"敌人用纸塞他的嘴，他把纸团咬碎咽下，大声地高呼："打倒蒋介石！"敌人又用破布从他嘴里塞到喉咙，也没有能使他屈服，敌人无计可施，野兽般用刺刀向他猛刺，并向他的头部射出罪恶的子弹……

这位英勇不屈的烈士名叫张正煜，1922年1月出生在今海安县王垛乡迮庄村。他6岁入私塾启蒙，后相继入如皋鞠厦初小、加力小学读书。他从小喜爱文学、历史和哲学，阅读了不少古今中外名著，特别敬仰岳飞、文天祥等英雄人物。"七七"事变后，他对日本侵略者和实行不抵抗主义的国民党政府十分愤恨，立志抗日救国。1939年，他考入国民党江苏省保安四旅旅长何克谦创办的励志中学，对学校施行反动教育极为反感。

1940年7月，新四军东进到如皋西乡，接管了励志中学。他衷心拥护党的抗日民族统一战线，在党的领导下，积极参加了对学校反动势力的斗争，成为学校学生运动的活跃人物。1941年，励志中学所在地鞠厦被日寇占领，学校停办，他辍学家中，但仍积极组织进步同学，参加社会抗日活动。后转至如西中学简师科继续求学，于1943年毕业，同年加入中国共产党，先后任小学教师、校长、泰县曲南区文教助理、县政府督学等职。任职期间，他积极贯彻抗日民主政府的教育方针，坚持游击教学，并经常深入到边区，使边区人民都受到抗日民主教育，以学校为阵地开展反伪化斗争。

1946年夏秋之间，国民党反动派大举进攻苏北解放区，我主力部队经七战七捷后进行战略北撤，敌人分别占领如黄、如海和姜海线，沿线筑有据点，并向内地构筑据点。县领导安排他北撤，他坚决要求留在南线坚持斗争，积极组织动员全县教师，坚定革命立场，配合地方游击队，开展敌后斗争。

1947年1月，国民党以1个团的主力，配合如黄线各据点的敌人对我军进行合击"围剿"，张正煜在石家荡陷入了敌人重围，数次突围未成，他化装为群众，藏在群众家中，在敌人的挨家搜捕中，不幸和其他群众一齐被捕至搬经朱庄据点。被捕时，敌人并不知他的身份，后被一个曾被他斗争过的"还乡团"头头发觉，向营长密报，他被单独关了起来。

第二天，敌营长审讯他，一开始想利用他在社会上的威望为反动政权服务，采用利诱手段对他说："张正煜，你是共产党员、区文教助理，只要你自首，就给你一个卢港区区长的职务。"张正煜一口否认说："我姓王，不姓张，不是共产党员，是种田的老百姓。"敌营长立即叫那个"还乡团"头头来对质，还乡团头头一出来就指着他说："你叫张正煜，共产党员、区文教助理（当时你们还不知道正煜已任县督学），过去你斗争我们好厉害，你倒忘记了吗？"

正煜知道无法隐瞒身份了，便坚定地说："我是共产党员，他们打死我可以，要我自首，担任你们的匪职是绝对办不到的！"敌营长大骂说："你们共产党是匪！"张正煜针锋相对地进行了反驳，列举了共产党为国家、为人民抗日救国的伟大业绩，揭露了国民党反动派的反动本质和烧、杀、抢的滔天罪行，最后用无可争辩的语气说："共产党是人民的救星，你们是万恶的匪徒！"敌营长哑口无言，恼怒地命令士兵用绳子把张正煜绑起来，看管好，一定要严加惩处。"还乡团"还向敌营长要求交给敌乡政府处治。

张正煜深知必死，就以必死决心，伺机冒险越狱。他乘一个士兵外出、一个士兵打瞌睡之机，用牙齿咬断了绳索，冲出大门，直扑小溪河。这时外出的士兵发现了，向他举枪射击，当他游到河南水过时，腹部中弹不能行走。敌人从桥上飞奔河南，用绳索勒住他的颈部拖回原地，绑在树干上凶残杀害。张正煜壮烈牺牲以后，敌营长不寒而栗地自语道："像这样的共产党员，是永远征服不了的。"下令将他的尸体抛到据点西边的荒地里，不准掩埋，以发泄他对这位征服不了的共产党员的刻骨仇恨。但是，好心的群众却于当夜悄悄地将他的遗体运送到他的家中。人们在为他安葬时,发现正煜被戳了7刀,中了两枪。

——《经典诵读的理论和实践研究——坚强不屈篇》
如皋市丁堰小学 2007-4-12

原文写于 2/8/2009 修改于 12/7/2021

2. 三叔

我三叔出生于1927年4月,他能健康地活到今天,那真是奇迹中的奇迹。

三叔出生后不久就患了天花,家里找来的医生都说这孩子没救了。家里的人没办法,只好把他单独放在一间小屋里,弄点东西给他吃吃,听天由命。爷爷找来一个算命先生给三叔算了一命。算命先生说,这孩可能真是没救了,但是如果这次他能活下来,将来肯定是一个了不得的人物。几天后,三叔居然奇迹般地活了下来,而且除了鼻子上几颗浅浅的麻子外,他没留下任何后遗症。

三叔是在我父亲任校长的鞠厦小学上初小的。他上小学时很调皮,爬树、掏鸟窝,学习不用功,但每次考试他成绩都很好。

1943年,三叔上中学时参加革命并加入了共产党。那年他16岁。

那时正值抗日战争时期,三叔在学校组织进步学生学习《共产党宣言》,学习《西行漫记》等革命书籍,积极发展学生党员。

1947年,我们老家那一带国共之间的斗争异常惨烈,三叔的经历可以说是"九死一生"。那年他20岁。

根据网上查到的资料(《扶贫"三会"负责人张正联被树立为南通市"敬业奉献"典型》):

有一天,在共产党的军队战略北撤后留下坚持斗争的三叔到敌加力据点附近散发传单,一直忙到深夜。他所借宿的老乡家想让他早上多睡会儿，不忍心在天亮前叫醒他。岂料敌人来了，听到报信，三叔拔腿就跑，敌人紧紧追赶。当他跑到一家烧饼店时，距敌人不到20米了。这时，有三位个正在店里聊天的农民见此情形，佯装害怕冲至路上，阻挡了追敌的步伐。三叔趁机成功逃脱，而这三位农民却被抓到据点（后因他们确实是普通农民而被释放）。

同年清明节前夕，三叔在海安营溪组织百姓平掉敌碉堡，突然听到枪声：敌人正从东、南、北边三面包围过来！三叔先组织百姓向西撤退，自己最后才扑河游到对岸，但因精疲力尽，趴在水边爬不起来了。幸亏先前过河的一个老乡发现三叔不见了，便回头来找，这才救了他一命。

2019年年初，我回国去南通拜访三叔时谈起他"九死一生"的经历。三叔说，何止"九死"，说"十八死一生"也不为过。他燃起一支烟，往事一桩桩一件件缓缓道来。已是92岁高龄的他对70多年前发生的事仍然有着十分清晰的记忆。他一次次遇险，一次次在老乡的帮助掩护下脱险。"老区的人民对我恩重如山啊。"他感慨地说。

1954年春天，三叔调到南通，在南通地区行政公署任宣传部科长兼秘书。那年他27岁。

1956年南通地区成立了文教部，他任副部长。那年他29岁。

1958年南通地区文教部与宣传部合并，他任宣传部副部长兼任文教局局长。那年他31岁。

三叔有着过人的口才和惊人的记忆力。他做报告从不用秘书帮忙，都是亲自准备亲自写稿，人称"铁嘴""铁笔"。

有一次三叔做了一个多小时的报告，全过程不用讲稿，各种数据一一道来。参会者发现他在做报告时不断摆弄着一个火柴盒，散会后人们拿着那个火柴盒翻来覆去地看，想找到上面有什么秘密，结果什么也没发现。

三叔很敬重我父亲，他每次到南京开会都要上我们家来和父亲长谈。我们小的时候最喜欢三叔来，因为他每次都会带上一大包糖果，我们几天也吃不完。

1966年文革开始了，三叔所在的文教口首当其冲，由于三叔平时工作做得多，所以行署附近街道的报栏及空白墙面贴满了批判他的大字报。有的大字报还勒令三叔几天之内要回复上面的内容，三叔只好让婶婶和大女儿冒着雨上街把大字报抄回来以作回复。造反派们还把三叔戴上高帽子拉上大卡车在南通市大街小巷游街示众，还专门到他经常作报告的剧场里开他的批判会。那年他39岁。

1968年3月，三叔被造反派"解放"并结合，让他去通州县抓教育。同年5月份清理阶级队伍的时候他再一次被打倒。因为三叔没有任何历史问题，造反派只好定他为"死不改悔的走资派"，这个罪名在文革中的九个革命对象中排列第八。三叔的大女儿给他爸爸缝了个白袖套，三叔把自己的"罪名"写在上面，每天戴着去机关上班。他上班的任务不再是在办公室里写文章、布置工作或在会议上讲话、做报告，而是扫地、冲厕所、搞卫生。

1968年10月，三叔被弄到"五七干校"劳动改造，继续接受批斗。那年他41岁。

南通地区的"五七干校"在南通市西北约30公里处地属如皋县的薛家窑，那里是地区农科所、薛窑农场和南通农业学校所在地。

1969年4月，三叔"解放"了，因为造反派们实在找不出他的原罪。他被安排参加宣传队，分配去薛窑农场的五队当指导员，一把手。其实这个生产队本来是有队长的，从来没有过什么"指导员"。这个职位比起三叔原来担任的南通地委宣传部副部长、文教局长，专业上风马牛不相及，级别上不知道低了多少。那年他42岁。

三叔的心态特别好，在农场当指导员毫无怨言，他又开始了农业种植技术的研究。他与农场职工一起劳动，一起种棉花试验田，一起挑大粪，劲往一处使，汗往一处流。1974年，他在国家核心期刊《棉花》杂志上发表了论文"棉花高产栽培技术的探讨"，还在农业出版社出了一本书：《怎样种棉花？》。

1973年下半年，当了四年的生产队指导员后三叔担任了地区农科所所长，党委书记。那年他46岁

1974年我在工厂时有一次出差，顺便去薛家窑看望三叔。我的

印象中这个农科所和农场都十分简陋，办公室和宿舍都在一排排矮小的平房里。在办公室里昏暗的灯光下三叔和我谈起他从"上层建筑"到"经济基础"的转变。他认为他原来从事的文化宣传工作政策多变不容易掌握，文革一来把以前做的工作全部否定掉了，而他现在从事的农业生产和农业科研工作是一个基础性的工作。他说，不管到什么时候人总是要吃饭的吧。

三叔在农科所和农场的工作十分艰苦。夏天他领着大家搞科研搞种植，冬天领着大家挖河修水利、搞农田基本建设。他总是亲临一线，几次累倒在工地上送去医院急救。

三叔瘦瘦小小的，一米五几的个子，体重只有40多公斤。他烟瘾很大，香烟一根接着一根抽，每天都要抽上两三包烟。他身体一直很差，患有严重的肝硬化。他不止一次地说，他活不过60岁。我感觉他拼命工作就是想和时间赛跑，和生命赛跑。

1975年4月在三叔的倡导和实施下，利用曾经的南通农校原有房屋，课桌等设备，恢复了南通农业学校的建设，后改名为南通地区"五七"农业大学。那年他48岁

南通农业学校可是有年头了，它的前身是1945年在重庆成立的国立高级农业职业学校，后来几经辗转才迁到薛家窑并更名为南通农业学校。南通地区五七农业大学实行"社来社去"的办学方针，即从农村招收来的学生毕业后仍然回到农村去。农大在教学中坚持从实际出发，以本地区主要作物为重点，根据作物的生长过程、农时季节顺序组织教学。农大师生种植的丰产试验田，在学校成立的当年就获得了玉米亩产823斤，早稻亩产955斤，中稻亩产千斤以上的优异成绩。农大为当地培养了很多农业科研人员和农业行政干部。

因为要帮助如皋薛窑附近的几个公社解决变电所问题，原本1979年就要调到南通工作的三叔一直拖到1980年1月13日才到南通行署组织部门报到，任科委主任。到任后的第二天，他便去南京参加省委召开的科委主任会议。那年他53岁。

1980年至1983年，借全国海岸带资源考察的东风，三叔组织了全国许多有名的专家，大专院校的教授等来南通考察勘察，群策群

力,把现场会开在了滩涂上,还写了多篇文章发表在报刊上,为之后的南通市滩涂开发打下了扎实的基础。

1983年3月地区行署与南通市委,市政府合并,三叔任南通市科委党委书记。那年他56岁。

1985年国家倡导干部"革命化、年轻化、知识化、专业化",三叔退居二线,去了南通市滩涂开发领导小组,任副组长(组长由市级领导兼任)。那年他58岁。

在市滩涂开发领导小组,三叔又专心研究滩涂开发技术。搞围海造田,搞滩涂养殖,还是搞盐碱地改造等,没多久他又成为滩涂开发方面的专家。当时不管是当地干部,还是渔民群众,很少有人用"官衔"称呼他,而是亲切地叫他"老滩涂"。后来在三叔的疾呼和努力下,市里成立了农业资源开发局,这使他有了更大的空间从事农业资源开发工作。

1990年三叔离休,他被安排去了南通市老区开发促进会(老促会),任常务副理事长。那年他63岁。

老促会属于市里农业口下的一个社会组织,是一个安排离(退)休干部发挥余热的机构,在那里一般只上半天班,一个月还可以领上几百至一千元的津贴。可三叔在那里全天上班,没领过一分钱津贴。在这个岗位上他发挥出巨大的能量,做了海量的工作。我记得他女儿说的话,"我觉得老促会的工作都是我爸一个人在做","他都快90岁了,可还趴在桌上给上面来开会的领导写发言稿"等等。在老促会他工作了整整27年直到90岁。

我在谷歌上输入三叔的名字,看到大量的报道和文章叙述三叔在老促会所做的工作,这里摘录一段。

南通日报《追梦南通-身边榜样》介绍张正联

2013-12-13 来源:南通老区

本网讯 12月11日南通日报在A2版《追梦南通-身边榜样》专栏刊载记者何家玉采写的人物通讯"只为老区百姓过得好",作为该专栏"本期人物"推出。这篇报道全文如下:

只为老区百姓过得好

"'来打工给多少钱工资？''扩大规模的话销路有问题吗？''你们提供技术？'5日上午，市老区开发促进会对海安县明年的12个老区扶贫开发项目进行审核，87岁的老促会常务副理事长张正联听得很认真，还不时提出问题。'你们要让这些钱实实在在发挥作用。'他反复和这些项目负责人说。

'从17岁参加革命，到今年我工作了整整70年。'张老说起来颇为自豪。虽然1990年就从原单位离休，之后的这20多年，他一直担任南通市老区开发促进会这一社会组织的主要负责人，为我市老区的经济发展和百姓脱贫致富献智出力，'他没有缺过一天勤，没有拿过一分钱补贴。'老促会秘书长陈学如说。

为改造老区150万亩高沙土，张正联抓住国家黄淮海开发和中低产田改造的机遇，带领老促会同志深入老区调研，先后为市委、市政府起草了九份文件，多次跑省跑部，并通过多条渠道，争取列入了国家开发的范围和省专项工程，先后争取到各级财政资金投入3.57亿多元，把87万亩高沙土改造成标准化的高产稳产农田。调研发现，之前的老区扶持政策不再适用，他便与其他老同志一起，向省老促会提出重新制定扶持政策的建议，并通过省老促会上报省政府，省政府最终出台了5个方面、19条新的优惠政策。据统计，除减免税收的金额以外，每年省政府对南通黄桥老区扶持的资金达5000万元以上，有力地推动了老区扶贫开发事业的发展。

秉持着扶贫须先扶智的理念，1995年，在张老的建议下，以海安双楼职高为依托的江苏省黄桥老区人才培训中心成立。老促会、扶贫协会一直对贫困生提供资金扶持，今年已在全省第一家实现全免费招生。培训中心创办至今，已培养具有中等专业水平的毕业生数千人，帮助一大批老区农民脱贫致富。

2008年，在张老的争取之下，全省第一个公募型老区扶贫基金会正式成立。此后，他又带领老同志们四处募集资金，'到年底，基金本金将超过3600万元，都是张老带着我们一脚跟一脚跟跑出来的。'陈学如说。成立5年来，共投入近500万元资助农业产业化扶贫项目312个，投入200万元资助1263人次贫困家庭子女上大学、中等专业学校和高中，无偿资助一批科技扶贫项目，共带动、帮扶贫困户10612户，人均年增加收入2800元左右。

海安县袁兵草莓专业合作社今年是第三次申请扶贫基金，'现在周边50多名困难户在合作社打工，年收入能达到15000元；想创业的，我们提供草莓良种和种植技术。'合作社负责人说，'现在我们自己有300亩草莓园，希望发展到千亩，带动更多贫困户脱贫致富。'张老听得连连点头。

年底前，张正联和老促会的同志们要跑遍所有的县市区，对申请扶贫基金的项目一一审核：'做了44年农村工作，只希望老区百姓的日子越过越好。'张老说。"

2019年2月我回国参加姑妈百岁生日庆典，随后去南通看望三叔。三叔已92岁高龄，耳朵基本失聪，眼睛也基本失明，但他的思想仍十分活跃，思维也十分清晰。他谈着对国内外时局的看法，我静静地听，感受着他炽热的情怀，敏锐的思路。我诧异他在耳目都如此衰退的情况下如何能掌握这么多的资讯，后来我才知道三叔每天都让多年来照顾他生活起居的女婿小陈读报给他听。说来也奇怪，别人的说的话三叔基本听不清，而小陈的话他一听就明白。

后来的两年里新冠病毒肆虐全球，三叔曾托人在微信上问及我们在美的情况。

日前我为写这篇文章向三叔的女儿了解情况，得知今年95岁高龄的三叔身体仍然很健康。

我怀着崇敬的心情写下这篇短文，衷心祝愿三叔他老人家健康长寿。

写于 1/18/2022

3. 外公

"白米白鸡啼白昼，黄村黄犬吠黄昏"，这是流传在江苏姜堰一带的一副对联，白米、黄村是当地的两个地名。有人说这是唐代诗人戴叔伦所作，有人说这是清代某秀才所作，还有人说这由明朝某小姐招亲出上联引来下联而成，莫衷一是。对联的出处和年代已无法考证，但这副对联构思精巧对仗工整，说明了那个地区文化底蕴的深厚。我的外公就是出生在江苏姜堰白米镇。

外祖父王汉民，字光国，1896年出生于江苏姜堰白米镇马沟村。

《泰州日报》记者徐同华在《香露韫清钱荷玉》一文中是这样描述马沟村的：

"明清两代驿站所在地的马沟一带，是泰州东乡的重要产粮区域，《江苏地名录》中记其地有'相传六百多年前此地出产"晚金籼"，被列为贡品'之语，坐拥仓储之积靡穷之富，马沟的工商业也连带发达，又因此地东向曲塘，西连罗塘，古有福地之称，渐得'银马沟'之誉。沿河而错落有致的古村中，一条用城砖铺砌的老街长近千米，遍布银行货栈糟坊药店，'王'字店招迎风飘展，马沟的曾几何时，是属于王姓的富甲一方。热闹非凡的街中，清流生动着一条小河，分运盐河之水而一脉北去，即所谓'长溪'，竹绕疏篱水绕村，溪边有园，临水的便唤作'溪光室'，昔人有文记其地曰'长溪绕屋，高士卜居，俨然水郭江村，不异桃源仙境'，这住于桃源之间的主人便是王汉民了，其字光国，别号溪隐，泰东风华推第一，长溪的曾几何时，是属于王氏的文风广被"。

上文中"仓储之积靡穷之富"出自唐代光宅元年（公元684年）骆宾王《代李敬业传檄天下文》中的"海陵红粟，仓储之积靡穷"（海陵的粟米多得发酵变红，仓库里的储存无穷无尽），这里的海陵为泰州古称。

1912年外公迎娶姜堰梁徐江村年方18的才女钱荷玉。外婆钱荷玉出生于1894年，父钱百城是当时海陵素有声望的博学之士，有

"海陵宿儒"之称。出身于书香门第的外婆"自幼聪颖,读书明大义,女工之余,兼习吟咏"。婚后外公外婆"夫妻志趣相投,曲室唱酬,可谓才情朗畅,伉俪情深"(沈辉《钱荷玉作品题材的多样性》)。外公当时在镇上经营田产,亦耕亦读。他善诗作,著有诗集《溪光室酬唱集》。

当时的中国,清皇退位后北洋军阀为首的北洋政府领政,政治争斗不断,但经济、思想、文化的发展较为自由。

民国以来,各地兴办实业蔚然成风,江苏无锡的荣德生(荣毅仁之父)、荣宗敬兄弟俩在多地开设面粉公司和纺织公司工厂,南通有张謇创办大生纱厂,他们一时成为人中翘楚,行为楷模。泰州毗邻南通,与无锡隔江而望,受到很大影响,幽居田园的外公心有所动跃跃欲试。在外婆的陪同下,外公东赴南通,南往常州,考察各地实业。他们一路以诗文会友,广结善缘。在常州,外公夫妇谒见金武祥(清末藏书家、诗人)、钱振锽(前清进士、诗人、书法家)、邓春澍(诗人、书法家、画家)等江南名士。外公的学习、考察、交友之旅开阔了视野,为他后来在泰州开拓实业、发展文化事业打下基础。

1920年代,泰州民间兴起了一股开办文艺报刊的风潮,期间涌现出《海陵声》《友声周刊》《涛声》《桃之华》《莺花》等报刊。戈秉直,沈本渊等人于1922年创办的《消闲周刊》是其中最具影响力的代表报刊,外公担任这份报刊的主编。《消闲周刊》以"保存国粹,研究文艺,联络感情,交换智识"为宗旨,开辟有文苑、小说、诗选、笔记等栏目,由于内容新颖风趣,加之常举办诸如有奖征联之类的活动,很快,这份不定期发行的石印小报就风靡于泰州、姜堰、如皋等地区。外公与戈秉直、沈本渊关系深厚,均爱好诗词文艺,在地方文坛有"岁寒三友"之称。

戈秉直(1899—1961),名嘉德,泰州人。其幼时家境清寒,早年在制衣店当学徒。外公认为戈见识不凡,支持他开办大德粮行,为上海荣氏福新面粉厂代购小麦。后来他们又一起创办了大同书局和大陆饭店。二人的精诚合作持续了十数年。

外公在泰州的后人藏有一张他30岁时(1926年)的相片,标题为"溪光室主肖像"。溪光室诗社的友人王宜之先生题词："落落大方，无拘无束。先生之风，亦耕亦读。不鹜虚声，不同流俗。即此吟身，是真面目"。这可能是我们后人能看到的他老人家唯一的一张相片。相片中的外公面目清癯，目光坚定自信。王先生的题词更是外公的真实写照。

1929年4月8日外婆染疾不治，病逝于马沟长溪溪光室，年仅35岁。天妒英才，她给外公留下三子一女。

"钱荷玉去世后，为表示对她的怀念痛悼之情，王光国四处寻求海内外诗人的挽章，将它们聚集成帙，亲自整理她遗留下来的诗词文稿，希望能传承后世，以寄托自己的绵绵哀思。由于钱荷玉闲暇之余或游踪所至，吟咏自娱，未肯存稿，不愿示人，所遗者十之二三，再加上病中诗多随手佚，所以留下来的遗稿并不全，只有零零散散的一些。于是王光国先生加以收集、整理、校订，最终汇编成书，以其妻居室命名为《香露轩吟賸（剩）》。翻开《香露轩吟賸（剩）》，可谓'骋妍抽密，璃藻扬葩''芊绵婉丽，一往情深'，展露了清代泰州女性诗人特有的文人气质和卓绝才情。"（沈辉《钱荷玉作品题材的多样性》）外公的好友沈本渊为《香露轩吟賸（剩）》作序。

1931年外公和好友戈秉直开办了大同书局。

"泰州大同书局的成立有其时代背景，当时泰州较为蔽塞，1927年后，国民政府开始发展教育，泰州虽有书肆出售新文化书籍和文具，但由于书籍品种、数量少，依旧供不应求。为方便泰城学子，当然更主要的是看到其中的市场前景，戈秉直等人遂筹划在书店集中的北门内大街且乐桥一带开设书局。

1931年4月4日，大同书局在且乐桥附近的中山门处正式开张，书局为两层小楼，其店名的命名颇带禅意，分取'大开觉路''同寿名山'两语前一字。书局最初由戈秉直任经理，王光国任监理，沈本渊任会计，至于书局的营业部主任一职，则聘请了才思敏捷、在泰州书报界较有声望的顾伯奋担当。

大同书局以销售书籍为主，另外兼营文具、宣纸、纹锦、雅扇、兰帖等物件。开业后，书局迅速在市场站稳脚跟，这离不开上海商务印书馆的货源支持，商务印书馆为国内出版界翘楚，其出版教科书销量多年位列泰州第一。而戈秉直兼任《泰报》编辑，为上海商务印书馆出版书籍做过广告。此外，沈本渊兼营上海《申报》和江苏《新江苏报》泰州分馆经理，为商务印书馆进行过多次宣传，良好的人脉关系让书局能进购到一些紧俏书籍。

当时每逢休假日，大同书局店堂内总是顾客盈门，生意兴隆背后，与书局读者至上的经营理念很有关系，每逢上海出版新书，只要认为是学者需要的，书局必派人买回。根据社会上小说读写者多的实际，书局在1934年春，牵头复组了有作家家王天恨参与的小说流通社，参与社员达数百人，盛况空前。在进货和销售方面，书局采取了灵活多变的方式，如"12.8"淞沪抗战爆发前，先期派人到上海采办书籍，确保有货供应。在水灾导致各乡村学校停课后，书局人员又装载书籍上门流动售卖，满足灾区读者求知的愿望。"（李敬白《泰州老字号系列：大同书局》）

戈秉直和外公酷爱藏书，他们在大同书局增设善本旧书部，收购线装古籍。数年后，藏书蔚为大观。藏书分经、史、子、集、乡土五部，版本最上乘的为唐人写经，其次为宋元刻本，明刻较多，清版最多，亦有抄稿本，另有《永乐大典》副本几本。泰州解放后，政府成立市图书馆，戈秉直将藏书捐献给国家。

抗战中外公曾把大同书局楼上全部和他家住宅借给从镇江流亡到泰州的《新江苏报》的编辑部用，这是包明叔先生创办的一份抗日报刊。这段经历收入包明叔《抗日时期东南敌后》一书，该书记述了《新江苏报》在抗战中五度易地，五度复刊的传奇经历。

1939年时在外公支持下开办的大德粮行有了长足的发展。能在竞争激烈的市场中发展壮大，外公他们主要靠的是"诚信"二字。收购粮产品时不短斤少两，供货时则坚持货真价实，不管大小客户，一视同仁，严禁各类欺蒙行为。由于经营得当，大德声誉日隆，以致当时上海福新面粉厂（民族资本家荣氏兄弟开办）也将代购小麦业务交由大德办理，大德年收购小麦达到 35 万担，大德粮行一时成为泰州粮行中知名的大规模粮行。

泰州旧称"百谷汇聚之地"，里下河地区粮产品很多经泰州周转运往南北各地，上世纪三四十年代，泰州城内粮食店铺一度达到 550 家，约占全城商店总数的五分之一，上海华丰、福新、信大、裕通、阜丰及南通复新、常州恒丰、无锡泰隆等多家知名面粉厂均派庄客来泰采办。为方便外埠工厂粮食采办人员就餐、住宿，1939 年戈秉直和外公他们在泰州大东桥处创建大陆饭店。

"1940 年，大陆饭店正式对外营业，它全称是大陆饭店股份公司。大陆饭店内部布置雅致，墙壁四周悬挂字画，摆放各式红木家具，店中有照明的电灯，34 个由厅堂改建的房间内安装有电铃，旅客若需服务可随时联系茶房。为方便对外联络，店中还安装了一部可通长途的手摇电话。"（李敬白《泰州老字号系列：大陆饭店》）

面对这尘封近百年的历史，作为后人写到这里，我心底不禁涌出一个大大的"赞"字，外公当年何其潇洒，何其辉煌！

1942 年外公染上肺疾，无药可治，英年早逝，卒日不详，享年 46 岁。

1949 年后，王家所有祖产、房产、地产全部捐献给国家。

写于 2/8/2022

4. 海陵女诗人

十多年前，我妈妈给我寄来她谱曲的一首歌，歌词是我外婆的一首诗作，《咏白荷花》：

    谁捧冰盘水面来，池南池北是瑶台。
    清香缥缈随风舞，素色婷婷带露开。

不染红尘甘淡泊，唯邀皓月共徘徊。
微躯净社羞难入，只有遥遥自酒陪。

那年我妈妈去泰州老家探亲访友，带回一本复印版的诗集《香露轩吟剩》。这本由我外公编撰，出版于民国年间的诗集收集了我外公和外婆的诗作几十首，《咏白荷花》是其中一首。这本诗集在扬州市图书馆有收藏。大约是在上世纪20年代时，我外婆和她的一些好友成立了一个白莲诗社，她们以白荷花为题作诗，外婆的这首《咏白荷花》是大家认为较好的一首。我从小到大几乎没有听妈妈说起过外婆，这好像是第一次从妈妈这里得知外婆的一点情况，知道外婆还是一位女诗人。其实我妈妈对外婆的印象也很模糊，因为在她六岁那年，外婆就患严重的气管炎去世，年仅35岁。

外婆出生在一个殷实人家，从小受过很好的家学教育。嫁给外公后，他们原先住在姜堰乡下。从20年代初起，外公开始向城镇发展，他先后在泰州、姜堰等地经营过大同书局、大德粮行、大陆饭店、大元钱庄等商行。这段时期正是被知名财经作家吴晓波在他的一部展现中国民族工业发展的新作《跌宕一百年》中称为1870-1977这百年中"唯一的'黄金年代'"其中的1911-1927年的后期。"在这期间，国营企业体系基本瓦解，民营公司蓬勃发展，民族主义情绪空前高涨，明星企业家层出不穷，企业家阶层在公共事务上的话语权十分强大"（《跌宕一百年—1915 作为抵抗的商业》）。外婆随外公搬到泰州，她一直没有停止诗词创作。

1960年春节，我姨妈从北京经南京中转回泰州老家探亲，把我也带了去。不知是不是得到外公外婆更多的遗传，我发现舅舅他们一家人都喜欢读诗、作诗。一个寒冷的晚上，外面下着雪，屋里挤满了人，舅舅、舅妈、姨妈、表哥表姐们都在。屋里暖洋洋的，窗上积满了水气，我们全然感觉不到外面的寒冷。大家吃着瓜子花生，聊着天，轮流作诗。在那种气氛的感染下，我也作"诗"一首："窗外雪花飘，窗内真热闹。晓京在床上，就是睡不着。"近50年过去了，回想起来仍能感觉到泰州老家那里那种浓郁的文化气息。

扬州有一位著名的文史研究学者韦明铧先生注意到了泰州的女性诗人这一群体，他写了一篇长文《泰州的女性诗人群》收集在他的《广陵绝唱》（2003年出版）一书中。在文章的开头，作者写道：

"泰州（史称"海陵"）不但物产丰富，而且文化昌明，早在宋元时代，就有'小邹鲁'之称。北宋胡瑗的教化理论，明代王艮的心学思想，清初吴嘉纪的平民诗歌，都是中国文化史上彪炳千秋的华章。而尤为璀璨夺目，但又长期为尘埃所掩盖的，却是泰州的一群女诗人！女子为诗，自古罕见，泰州却有一个女性诗人群，怎不令人刮目相看？"接着，作者以翔实的资料介绍分析了这一女性诗人群体，其中还引用了我外婆（钱荷玉）的三首诗。在文章的最后，作者写道："在中国女性文学史上，海陵女诗人应该占有一席之地。"

看了韦明铧先生的这篇文章，我有一种莫名的激动和感慨，真想用今年春晚的流行语大喊一声："我骄傲！"

我为我的外婆骄傲，更为我的故乡骄傲。

最近我在网上查找外婆的资料时，发现一篇泰州师范高等专科学校沈辉教授探讨我外婆作品的文章《钱荷玉作品题材的多样性》。这篇文章介绍了我外婆的生平和她的作品，是一份不可多得的资料。

原文写于 2/12/2009 修改于 12/16/2021

钱荷玉作品题材的多样性

沈 辉

钱荷玉，字蕴清，姜堰梁徐江村人，生于清光绪二十年。父百城，是当时海陵素有声望的博学之士。出身于书香门第的她自幼聪颖，读书明大义，女工之余，兼习吟咏，年十八嫁于姜堰白米长溪。夫王光国，清代泰州著名诗人，著有诗集《溪光室酬唱集》。夫妻志趣相投，曲室唱酬，可谓才情朗畅，伉俪情深。可惜自古闺媛才与福，每苦不能兼，正如严迪昌先生所言："才女才妇在封建社会所备受的'薄命'之苦尤其惨重"。钱荷玉亦未能幸免，她是如此聪慧过人，然而却丰才啬遇，年仅三十五岁。

钱荷玉去世后，为表示对她的怀念痛悼之情，王光国四处寻求海内外诗人的挽章，将它们聚集成帙，亲自整理她遗留下来的诗词文稿，希望能传承后世，以寄托自己的绵绵哀思。由于钱荷玉闲暇之余或游踪所至，吟咏自娱，未肯存稿，不愿示人，所遗者十之二三，再加上病中诗多随手佚，所以留下来的遗稿并不全，只有零零散散的一些。于是王光国先生加以收集、整理、校订，最终汇编成书，以其妻居室命名为《香露轩吟賸（剩）》。翻开《香露轩吟賸（剩）》，可谓"骋妍抽密，璀藻扬葩"、"芊绵婉丽，一往情深"，展露了清代泰州女性诗人特有的文人气质和卓绝才情。虽没有"飞流直下三千尺"的雄浑气魄，但也别有一番"撞击礁石飞迸浪花"的情致。她妙笔生花，触及到生活的各个方面，抒写性情，引发议论，其作品大致可分为以下几类题材。

一、怀抱寄寓—歌颂自然景物

清代况周颐认为："闺秀词，心思致密，往往赋物擅长"。袁枚在《随园诗话》卷二中提道："咏物诗无寄托，便是儿童猜谜。读史诗无新义，便成《廿一史弹词》；虽着议论，无隽永之味，又似史赞一派；俱非诗也。"钱荷玉即擅长以某一物象为描写对象，抓住其主要特征着意描摹，由实到虚，传神写意，托物言志。她喜欢吟咏各种花卉，尤其对白色的花更是青睐有加。例如她的一首七绝《白榴花》："榴花开放小庭间，借得寒梅雪裹颜。羞与红据争艳色，要留清白在尘寰。"白榴花素淡清雅，洁白纯净，悄然绽放在小小的院落，它不与其他的花儿争奇斗艳，只愿把自己的清白留在这美好的人间。白榴花高雅清丽，如同飘然尘世，超然物外的诗人一样幽雅圣洁，将吟咏白榴花与个人抒怀不着痕迹地结合在一起，体现了诗人冰清玉洁的高尚品格。再如一首七律《白荷花》："谁捧冰盘水面来，池南池北似瑶台。清香缥缈随风舞，素色娉婷带露开。不染红尘甘澹泊，惟邀皓月共徘徊。微躯净社羞难入，只有遥遥置酒陪。"荷花有着亭亭玉立、婀娜多姿的动人外表，诗人以荷花自喻："不染红尘甘澹泊"，孤高绝俗、贞洁自爱，表现了她不向世俗献媚、清高脱俗的纯洁操守。那清韵天然的白榴花，那雅洁晶莹的白荷花不正是诗人品质性情的真实写照吗？

  钱荷玉除托物言志外，她的视野还逸出闺房界限，进入到大自然的广阔范畴中。由于女性独特的心理和文化气质，目光的投射点与男性有所不同。男性诗人往往将自然加以对象化进行审美关照；女性诗人则唯美感性，注重细节，体察变化，与大自然有着天生的亲和力。钱荷玉的笔下，蕴含了对自然景色亲缘式的情感，所摹写的景物渗透着诗人幽微的主观情绪。例如她的一首七绝《夏日晚眺》："冉冉芙蕖送晚香，珠帘倦起竹风凉。登楼试望天然画，野树枝头挂夕阳。"夏日的傍晚，作者登高望远、极目临眺，既有"芙蕖送晚香"的悠闲，又有"枝头挂夕阳"的恬淡，物我合一，浑然天成，突破历来女性沿袭的婉约纤弱之风，有一份洗尽铅华之后的纯净典雅，因而笔下的景致也就显得宁静、简远、平和。钱荷玉为开阔眼界，丰富阅历，还饱览山河美景，游历名胜古迹。游历为她打开了一扇窗户，带来全新的生命体验，于是她情感涌动、神思飞扬，写下了《偕外子游南通公园》《游扬州绿杨村遇雨》《游小西湖》《登平山堂》《登岳墩》等一系列诗作。游览中的所见所闻刺激着女性诗人的感官，使她心生感悟、文思泉涌，这样的作品自然是真情实感的流露，其文学价值也远非闭门造车者可比。

二、心灵慰籍—表达至真亲情

  人间的亲情是一种最朴素持久的感情，也是最温馨纯真的情意。在钱荷玉的作品中，表达姊妹、姐弟、夫妇等至真之情的篇目格外引人注目。

  出嫁的女子只能以夫家为中心，与娘家的关系已渐渐疏离，诗人不知何时才能见到亲人一面，只有暗自咀嚼"幼时嬉戏"的温馨和"牵衣泣别"的悲伤。钱荷玉的七律《寄二妹》表现了姊妹之间感情深厚，情同手足："花样分描记幼时，而今心事各分歧。天容闲散偏多病，人果聪明转是痴。松柏堂前勤灌溉，芝兰阶下好扶持。春风得意乘龙婿，连袂青云信有期。"诗歌首先回忆了儿时一起描画的温馨场景，然后笔锋一转，叹息如今却天各一方，心事迥异，接着嘱咐妹妹要多尽孝道，培养好子女，最后真诚地祝福妹妹，希望他们夫妇携手共进，事业有成。全诗语言清丽自然、章法舒卷自如、情景交融、寓意深远，饱含着姐妹间真挚醇美的浓浓亲情。另一篇《寄怀二弟希之广东》："邗江挥手记春郊，半载韶光瞥眼抛。天为怜才翻远谪，人非知己莫相交。佳儿伏几分瓜果，巧妇磨钱掷卦爻。若问长溪何所事，楞严一卷静中抄。"此诗虽无华丽的辞藻，也未刻意雕饰，却令人感到情真意切，淳朴自然。素淡亲切的言语流淌中，饱含着对贬谪远方弟弟的牵挂与不舍之情。亲人间长期的聚少离多，一旦重逢，那种无法言表的喜悦不言而喻，如钱荷玉的七律《妹至》："乍到蓬门兴欲飞，春风满座解愁围。正欣下榻前言践，莫笑登盘异味稀。棋局闲敲开画牖，诗牌巧斗卷罗帏。频繁针黹侬心愧，散步何妨玩晚晖"。真是人逢喜事精神爽，月到中秋分外明。全诗语言爽朗、节奏明快，一改往日的诗风，变得积极乐观，充满着高昂的兴致和无尽的欢喜。

女子出嫁后，丈夫是她感情的唯一托付。钱荷玉夫妇，情投意合，琴瑟相谐。他们一方面以唱和切磋诗艺，展示才华；更重要的是通过这样的交流、情感的沟通，彼此欣赏、相互肯定，结成精神上的坚强同盟。他们经常携手同游，诗词酬唱，如《和外子三十初度小影原韵》《偕外子游南通公园》《送外子之姑苏》《和外子三十述怀原韵》《同外子作》《游扬州小金山寄外子》等。旧时妻称丈夫为"外人""外子"，丈夫则称自己的妻为"内人""内子"，以此表达对彼此的尊重爱慕之情。在两人往来之作中，感情丰富而复杂，有与丈夫心心相印、款曲相通，如"兰闺清兴两心知，静好无猜白首期""茶经百读君成癖，书味千寻我欲痴"；有对丈夫远行的依依惜别、殷殷期盼，如"打叠行装故故迟，暂时分手亦成痴""柔橹声中萦别恨，斜阳影里问归期"；有和丈夫同游的欢快欣喜，开阔爽朗，如"羊肠小径曲通幽，极目同登百尺楼""烟迷帆影樽前落，风急江声笔底流"。沈世德在《香露轩吟賸（剩）》序言中记载："丁卯乱后，君携女士下榻于城北。余始得瞻其林下。致女士尝游小西湖，登岳阜，望隔江夕阳山色，清风徐来，衣袂飘飘，举顾而乐之，谓：'安得卜三椽屋于湖上，与王郎啸歌其间，以终老。'"其丈夫王光国在《溪光室酬唱集》中也曾道："更有细君耽咏事，好将诗律共平章""形同窗下寒梅瘦，才配闺中咏絮长。"这里的"细君""闺中"都是指妻子钱荷玉，夫妇之情可谓不言而喻。

三、情感倾诉－抒写哀怨病愁

赵云芬在《绣馀吟草序》中称："喜其才出于女子，复惊其才竟出于女子也。干造物忌，恐不永其年。"也许造物主就是如此忌才妒能，自古福寿难两全，钱荷玉夙染肺疾，长期饱受病痛的折磨，疏花力弱难以经受风雨，多病之身更易于感秋。

秋天是一个令人多愁的季节，秋风瑟瑟、落叶纷纷，常给人浓浓的悲秋情绪，莫名的忧郁与失落。历代敏感而又多愁善感的诗人曾留下过怀秋抒怀的诗句，钱荷玉也不例外。如《秋日杂咏》："大好光阴似水同，江南春老又秋风。人间代谢都如此，出处荣枯一笑中。空阶啼露听寒蛩，愁绪无端绕几重。一纸家书挥秃管，天涯弱弟问行踪……香飘丛桂散天涯，折取新枝压鬓鸦。却笑童心犹未改，别人栽树我攀花。遥天一色月当头，诗兴阑珊倦倚楼。惟觉藤床滋味好，药炉香里过中秋。"作者以委婉缠绵的笔调，描摹出自己在寒砧处处、落叶萧萧的秋日，独居深闺之中，心驰万里之外，辗转反侧，久不能寐。诗人既思念远在他乡的弟弟，无法释怀，又满心愁绪，感伤于自己命运的无奈。意境清冷悲凉，笔调哀伤压抑。

在这样的悲剧氛围中，兰心慧质、多愁善感的钱荷玉深切地意识到了自己生命的苍凉，挣不脱悲剧的宿命，于是在她的作品中始终蕴含着浓厚的薄命意识，笼罩着幽怨寂寞、孤苦凄清的感情色彩，故其诗多哀音。如七绝《病中自遣》："一庭袅袅药炉烟，病到深时日似年。羡煞绿窗诸姊妹，吟诗煮茶乐陶然。"此诗采用对比手法，将我缠绵病榻、度日如年的愁苦情状和姐妹们吟诗煮茶、其乐融融的轻松场景形成鲜明对照,更体现出诗人落寞的心绪和无言的烦恼。再如七律《病中》:"底事愁销病又生,几回对镜几神惊。枕边未梦浑如梦,窗外无声觉有声。放眼庭除都黑暗,关心家事转分明。胸怀郁郁何时已,欲向秋风试一鸣。乍寒乍暖暗销魂,桑菊当归日日吞。七品茶煎呼婢仆,双弓米啜当鸡豚。药方检点劳夫婿,病体支离忆弟昆。菽水娱亲忘不得,心随明月到江村。"钱荷玉纤弱的体质与明慧的资质,使她的情感比之别人更隐微,抒写其情思感触时,更多一份曲折深婉的摇曳之姿。此诗体物入微,传情徘恻,渗透进自己的生命体悟,传递出自己的人生情绪。

命运坎坷、造化弄人,让钱荷玉深深体会到世事难料,祸福无常。于是她皈依佛教,在禅道中寻求超脱,她认为"色即是空,空即是色","万物生于有,有生于无",人世间的种种痛苦和烦恼都来源于自身虚妄的幻觉,只有抛弃外在的追求,断除一切欲念,努力修行正道,才能跳出生死轮回,获得解脱。七律《宿净土庵》正是她此时心境的真实写照:"人生能得几何年,闲里光阴最值钱。浊世已无干净土,荒山别有沉寥天。心经玄奥深研究,禅榻清凉稳睡眠。袅袅红尘飞不到,个中鸡犬亦陶然。"虽在万丈红尘中,钱荷玉却有着出尘离世之心,所以她对尘世的一切,始终保持着一种淡然的态度,有时甚至是一种疏离,一种超越。

四、才情展封——评价历史现实

钱荷玉执笔属文,展卷吟诗,锦心绣口,吐属风流,堪称一代才女。沈世德先生在《香露轩吟賸(剩)》序言中赞赏道:"余读其难得山妻和韵高句,辄艳羡之,而不能已……其伴读山妻逸兴超逸豪放,赊诗牌分韵,睹梅花句,尤为余所击赏……白荷花一课,女士吐属高超,并冕群英,非但压倒王郎已也!"游止坚先生在《王钱女士家传》中也由衷感慨:"予设白榴诗文社以课塾外诸弟子,女士再与诗课,皆清超冠军,予尤异之!"

钱荷玉才情流溢,视野开阔,她不局限于一般的闺阁题材,而是大胆尝试,敢于超越,作品涉及更深层次,具有一定的广度和深度。

她有很多关于历史题材的作品。咏古诗的创作需要对历史现象作出准确、深刻、独到的评论，除了具备丰富的才学、过人的胆识之外，还要有睿智的思想、敏锐的洞察力。女性咏古和男性不同：男性多借古人之酒杯，浇胸中之块垒，抒发满腔忧愤，表达家国之思；女性咏古主要借古人之事表一己之见，寄托个人的伤怨悲怀，突出"小我情怀"，带有鲜明的主体意识和独到的思想领悟。在钱荷玉的作品中，论及古人的有若干首，仅此即可知她的腹笥之宽与眼力之远。如五律《游小西湖》写得酣畅而淋漓："漫道西湖小，天然好景多。波光青潋荡，树影绿婆娑。白屋通幽径，红桥界古河。可怜陈烈士，墓草接长坡。"七律《登岳墩》则写得沉痛而隽永："闻说城西别有天，岳家墩上谒前贤。一心报国身虽死，二帝蒙尘眼望穿。冤狱造成三个字，忠肝照见几千年。夫妻常跪羞秦氏，用尽机谋亦枉然！"这些诗虽论古人之事，实际上是抒今人之怀，一扫闺秀诗常见的纤弱低迷之风，洋溢着一种慷慨激昂，奋发向上的豪气，读之令人振奋。

钱荷玉的作品不仅追溯历史，而且反映社会现实，关注黎民生活之困顿，百姓劳作之辛苦。尽管因为其社会角色，决定了她无法参与到社会的改造中来，但她对现实观察细致、富有见地，同时又有着悲天悯人的情怀，以女性独到的视角，女性特有的笔触道出百姓的疾苦，这些可以说是她最有价值的作品了。如《南通旅次书感》："干戈扰攘阻尘沙，百里烽烟不见家。歌女那知离乱苦，声声唱出自由花。"《秋日杂咏》（其一）："颓龄男妇走街坊，满面惊看菜色黄。乞食猜他难一饱，输财谁肯救年荒！"社会动乱、生灵涂炭，尽在诗人笔下，真是笔锋犀利、深刻尖锐。不仅反映社会现实，而且一针见血地指出造成这种社会状况的内在根源，作为女性诗人能够具有这样独到深远的眼光，针砭时弊、忧国忧民，实在难能可贵。

结语

钱荷玉以才情和血泪铸就文字，在文学追寻的道路上留下了真实生活过的痕迹，成为一道独特而耀眼的人文景观。

2012-08-15

5. 从陪都到解放区

1943年1月，一批青年学生一行十几人从泰州出发，开始了他们去西南"大后方"的求学之旅，这里的"大后方"是指抗日战争时期还未受到日军侵占的中国西南、西北地区。当时元旦刚过，天气十分寒冷，离阴历新年不到一个月。按传统习惯，人们往往喜欢在家里过一个团圆的新年，等开春天气转暖后才开始一年的活动。但这没能阻挡这批年轻人的步伐，他们的目标很明确：不做亡国奴，要去大后方读书。这批年轻人大都是高中生，其中有妈妈和三舅，妈妈当时19岁，三舅比她小一岁。

1941年1月泰州沦入日军之手，妈妈和舅舅们躲避到老家姜堰乡下读中学。当时家住姜堰镇上的胡总书记的父亲也在那个中学读书，他和我二舅是同学。胡的爷爷在我外公20年代初离开姜堰去泰州前就和我外公是朋友，每次妈妈和舅舅去乡下时都会在胡的爷爷在姜堰镇上开的茶庄停留休息。我问过妈妈当时有没有见过那位胡爸爸，妈妈说她一点印象都没有。妈妈还打趣说，我当时哪里知道他将来会有一个那么有出息的儿子呢，不然我真要好好注意一下这位胡爸爸。

妈妈的一个闺蜜包阿姨当时也在那个中学读书。包阿姨1949年去了台湾，后来又来了美国。我来美后有一次和包阿姨通电话时聊起了妈妈和她当年逃难到乡下读书的事。包阿姨说，你妈妈读书可聪明了，我们都读不过她。1991年妈妈来美国探亲时还去了包阿姨在密歇根州的家，她们都没想到分别40多年后居然能在美国见面。

转眼到了1943年，妈妈和舅舅面临两个选择：去日占区南京或上海还是去大后方继续读书。他们毫不犹豫地选择了去大后方，因为他们不想当亡国奴。

在那个兵荒马乱的日子里妈妈和三舅他们花了整整 6 个月才到达贵阳。一路上为了躲避日军的轰炸，他们往往是昼伏夜行。那时交通不便，他有时拦车有时甚至靠步行完成了这两千多公里的行程。

到达贵阳后妈妈考进了国立贵阳医学院。作为现在贵州医科大学前身的国立贵阳医学院是 1938 年建立的，首任院长是来自北京协和医学院的中国早期热带病学专家、医学教育家李宗恩教授。没多久妈妈患了疟疾，无法继续医学院繁重的学业，她退了学。

妈妈又辗转来到当时有"陪都"之称的重庆，想找一个她身体能适应的专业继续学习。

"抗日战争爆发，随着日军于 1938 年 10 月占领广州、武汉，国民政府从南京撤至重庆，并将之定为'陪都'。重庆成为当时中国的政治、军事、经济、外交中心。抗战时期，随着国民政府迁渝，重庆成了内迁学校的集中地，大批有志于民族复兴、抗日救亡的青年学子纷至沓来，一大批著名的教育家、学者来渝执教，众多文化艺术界名流也来渝工作定居，诸如郭沫若、柳亚子、马寅初、陶行知、梁漱溟、徐悲鸿、老舍等，使陪都文化兴盛一时，重庆成了当时四川省的文化教育中心。而学府云集的重庆文化区沙坪坝成为当时大后方著名的'文化坝'。从这里培育出了大批人才，如著名的诺贝尔奖获得者丁肇中教授、中国第一位女大使丁雪松、中国第一颗人造卫星设计者之一王家声等"（华夏经纬网：《陪都遗迹与陪都文化》）。

对于重庆陪都时期民国政府在中国文化教育方面所做的努力《维基百科》有如下介绍：

"抗日战争期间，中国文化教育重心由东向西大转移，客观上改变之前中国教育的地域失衡，基本奠定了当代中国教育格局。国民政府颁布的一系列教育方针和政策，确保了中国教育系统的正常运转，并较为完整的延续了中国文化教育血脉。1938 年 1 月，国民政府任命陈立夫为教育部部长，教育部办公处位于巴县青木关（今为沙坪坝区青木关镇）。同年 3 月陈氏在渝就职时提出了四点战时教育方针：

1 教育为建国之根本大业，各级各类学校之设立，实各有其对国

家应付之使命;

2 抗战是长期过程,不容许将人才孤注一掷,而必须持续培养人才;

3 国防的内涵不限于狭义之军事教育,各级学校之课程不是必须培养的基本知识,就是造就各门技能,均各有其充实国力之意义;

4 学生对于国家应尽的义务实为修学,平时如此,战时更宜悉力以赴。

1939年,第三次全国教育会议在重庆召开,蒋中正进一步确定了'平时要当战时看,战时要当平时看','教育是一切事业的基本'的教育方针。

国民政府长期对日占区内迁师生实行'救济贷金'制度。1938年国民政府颁立《公立专科以上学生贷金暂行办法》,对全国公立专科以上学生发予贷金,每人每月8-10元。仅1938年一年,受政府资助的学生和教师共有5万多人。贷金制度是确保内迁学生能够继续求学的必要保障,如李政道、杨振宁等世界知名科学家能顺利地完成西南联大的学业,皆得益于贷金制度。

战前的中国有高等教育机构108所,相比之下,战前重庆中等以上学校仅32所。抗日战争全面爆发后,有91所遭到严重破坏。中日占区很多文化教育机构被迫停办,更多的则是向中国腹地迁移,其中大多迁往中国西南的重庆、成都和昆明。战争爆发后,重庆中等以上学校激增至97所,大都集中在沙坪坝、磁器口、九龙坡一带。"

从这个介绍里可以看出民国政府是很有远见的,在当时那么艰难困苦的环境下仍然注重教育事业的发展,注重中国的未来。

到了重庆后妈妈有一段时期身体不好,加上泰州老家的经济资助不能及时汇到,生活拮据。有人劝她找个当地人嫁了算了,那样生活会好一些。妈妈没有理会这些,继续求学。后来妈妈考入复旦大学的教育系,我的三舅也考入国立中央大学的经济系,这样他们的生活就有了保障,相对稳定了一些。

妈妈说起过她在重庆的生活,时间久远大部分我记不起了,印象最深的就是妈妈说他们当时经常要钻进防空洞躲避日军的轰炸，我想这是指的那场"重庆大轰炸"。

"'重庆大轰炸'指中国抗日战争期间，由1938年2月18日起至1944年12月19日，日本对战时中国陪都重庆进行了长达6年半的战略轰炸。中国方面指控日军1938年2月至1943年9月间出动飞机9513架次，空袭重庆及附近地区200余次，投放包括细菌弹在内的各类炸弹2.16万枚，炸死1.19万人，炸伤1.41万人，炸毁房屋1.76万幢。

为纪念大轰炸罹难者，重庆市自1998年以来，每年的6月5日，定为重庆大轰炸纪念日，全城拉响防空警报，警示人们勿忘历史、珍惜和平"（《维基百科》）。

1945年8月15日，日本天皇裕仁发表《终战诏书》宣布无条件投降。妈妈多次提到过那个日子，她说那天同学们听到日本投降的消息高兴得像要发疯了，大家涌到操场上喊叫、唱歌、跳舞、狂欢，通宵达旦彻夜不眠。

1946年9月复旦大学迁回上海，国立中央大学也于1946年11月迁回南京。妈妈和三舅随校到了上海和南京。

1947年5月南京上海以及全国60多个城市爆发"反饥饿、反内战、反迫害"学潮，妈妈和在南京的三舅都投入到学潮中。

1947年5月20日，宁、沪、苏、杭地区16所学校6000多学生在南京举行联合示威大游行，受到国民党特警的殴打，重伤19人，轻伤90多人，被捕20多人，这事件后来被称为"5.20惨案"。1954年，以国立中央大学为前身的南京大学将5月20日定为校庆日。

妈妈提到最多的是复旦学生在1948年"5.20"一周年前后进行的示威活动。根据网上的资料可以确定那是发生在1948年5、6月间的"反美扶日"（反对美国扶植日本）运动，因为妈妈的描述和一些当事人的回忆完全相同。

1948年6月5日上海市的学生准备在外滩举行大规模的"反美扶日"游行示威，复旦同学约1000多人在校园里集合准备赶往外滩参加游行示威。学校的大门关闭还上了锁,学生们转到学校东边侧门,哪知东侧门外早就布满了荷枪实弹的军警还有装甲车。学生队伍又掉头从学校的北门绕道田间小路前行。走了不一会儿军警的马队赶到,迎头拦住游行队伍。学生们手挽手与军警对峙,学生们和军警相持不下。游行的组织者为了避免流血冲突决定返回学校改为校内示威游行。事实上那天由于军警的阻拦,大多数学校的游行队伍没能到达外滩集合地点。复旦的学生回到校园后继续游行集会,还演了活报剧。后来天色晚了,学生怕返回住地时遭军警报复抓人。游行的组织者跟军警谈判,军警同意后撤5里,学生们安全回到住地。

不久后妈妈加入了中共地下党的外围组织新民主主义青年联盟(新青联),这是1947年底上海地下党为了广泛地团结进步青年成立的组织。据妈妈回忆,当时参加地下组织全是口头发展单线联系。

1948年秋妈妈从复旦大学毕业后去了地处苏州的吴江师范工作了一段时间。

1949年1月,泰州解放在即,妈妈由地下组织安排去泰州老家解放区参加工作,同行的有我的二舅和一些在上海的同乡。二舅当时在上海,他先前于1947年秋加入了民主同盟。临去泰州前,二舅等盟员去上海虹桥疗养院秘密会见被国民党软禁在那里的民盟总部宣传部罗隆基部长。罗部长指示他们迅速返回苏北,迎接解放。他们在穿过国民党军队的长江封锁线时受到盘查,二舅很镇静,他给国民党军队的士兵递上香烟,说他们是在上海做生意的商人,想回泰州过年。那些士兵听他们一口浓浓的乡音,就没有怀疑。穿过封锁线后他们一路高唱"解放区的天是明朗的天"。妈妈回忆说她当时感觉周围的空气都非常新鲜。他们一行人于1949年1月22日到达泰州,那天是人民解放军进驻泰州城的次日。

到泰州后,妈妈担任了泰州市城东小学校长,二舅任泰州市工商联筹备会主任兼秘书长。泰州市城东小学建于1903年,是一所历史悠久的学校。我妈妈、二舅、三舅都是从这所小学毕业。我在网上查到一段文字,作为1935届的校友,三舅描述了他在这所小学度过的美好时光。

妈妈回忆，那年的 4 月份她带着学校的学生们去泰州城外欢迎解放军南下参加渡江战役。他们为解放军准备了水和食物，他们在路旁喊口号、唱歌，嗓子都喊哑了。解放军的队伍遮天蔽日绵延不断，几天几夜都走不完。

在泰州，妈妈的生活中发生了一件大事，她遇到了我的父亲。父亲当时在泰州市教育局任局长。

母亲和父亲崭新的生活开始了。

写于 1/6/2022

6. 二舅

1920 年二舅出生于江苏泰县白米镇。外公当时在镇上经营田产，他善诗作，著有诗集。外婆是一位远近闻名的女诗人。

二舅先是在泰县读小学，后来随外公到泰州读书。抗日战争开始时，二舅在泰县的时敏中学读高一。这所中学后来发展为省泰中，不少著名人物从这里毕业。二舅学业优良，担任过学生代表和学生会主席。二舅还有一个鲜为人知的特长，话剧表演。据一位他少时的好友回忆："君善话剧表演，一登氍毹，庄谐百出。其演剧也，如身历其境，故一时观众咸为之倾倒"。氍毹是毛织的地毯，旧时演戏多用来铺在地上，因此过去常用"氍毹"代表舞台。

抗战开始后，二舅积极投入抗日救亡运动，张贴抗日标语、演出《放下你的鞭子》等抗日话剧、编印《涟漪》抗日刊物、组织学生辩论会辩论"应先安内后攘外，还是先攘外后安内"。1942 年夏，日军曾抓捕他关押了九天。1942 年 8 月二舅考入上海大同大学化工系。

大同大学（Utopia University）是民国时代上海一所著名的综合性私立大学，尤以"理工"著称，时有"北南开，南大同"之美誉，1952 年在院系调整中被撤校。

1943年，二舅停学一年回家乡筹建泰县华泰纱厂。他动员外公的朋友参加投资，选厂址，建厂房，购买设备，组织运输安装，事无巨细日夜操劳，为华泰纱厂的建成投产立下汗马功劳。这个在1944年建成的华泰纱厂是泰州工业史上的老字号工厂，是号称"三泰"（泰来面粉厂，振泰电灯厂，华泰纱厂）的三家老厂之一。

纱厂建成后二舅回到上海继续他的学业。在二舅的周围逐渐聚集起一批从苏北来上海读书的青年学生，他在上海的住所，蒲石路高福里63号的一个小亭子间，成为青年学生们经常聚会的地方。青年学子们在一起交流学业，议论政局，针砭时弊，关注着国家的未来和发展。

1947年5月，在南京中央大学读书的三舅和他的一些同学到了上海，他们在高福里63号筹划将在5月20日举行的"京沪苏杭四区16所专科以上学校挽救教育危机联合大游行"，这就是人们所称的"520反内战、反饥饿、反迫害游行"。他们还为游行制作了宣传品和漫画。"520"学生运动以后，南京中央大学学生自治会把国民党在"520"学生运动中的暴行编辑出版了《拿饭来吃》的画册，这本画册的印刷出版工作就是在二舅的住地进行的。现在这本画册陈列在中国历史博物馆和中国军事博物馆，成为解放战争期间在国民党的心脏地区开辟"第二战场"的历史见证。1948年初"新青联"的刊物《新青联丛刊》也是在高福里63号油印发行的。

1947年，二舅与一批进步青年秘密会见了当时民盟中央的主要负责人史良、章伯钧、罗隆基，后经民盟上海市委负责人彭文应介绍加入了民盟组织。中国民主同盟（民盟）是1939年10月13日由国民参政会中一部分无党派和中间党派参政员张澜、黄炎培、沈钧儒、罗隆基、章伯钧等人在重庆发起成立的统一建国同志会发展而来。民盟当年有一个重要的主张，"军队国家化，政治民主化"。彭文应先生1957年被打成右派，是文革后未获得改正的右派之一。

1947年8月二舅从上海大同大学化工系毕业。同年10月二舅回到家乡担任华泰纱厂事务部长。在此期间二舅在厂里举办工人夜校，教工人识字，教唱革命歌曲，由此引起国民党特务的注意，把他列入共产党嫌疑分子的名单。二舅到苏南无锡一带暂避风头，后又辗转到达上海。

1949年初，民盟总部宣传部罗隆基部长指示二舅他们一批来自苏北的盟员迅速返回苏北，迎接解放。他们穿过封锁线，于泰州解放的次日冒险回到家，同行的还有我妈妈。据我舅妈的回忆："当时我们一家人伴着街道上欢庆解放的锣鼓声，长时间沉浸在一片欢乐之中"。

泰州解放初，社会主义改造尚未开始，二舅即代表全家将祖传的10多家工商企业股权无偿捐献国家。他和大妹（我的母亲）赶赴乡下，当众烧毁地契，将祖传田产赠给农民。后为安置志愿军伤病员，二舅又主动捐出20余间自住房，自己另租房居住。泰州博物馆、图书馆成立伊始，他又将祖传古籍、字画等文物全部捐赠。

自1949年起，二舅历任泰州市工商联筹委会副主任兼秘书长、市政建设委员会副主任兼建设科长、副市长、市建设局副局长、市人大常委会副主任、民盟泰州市委主委、民盟扬州市委副主委、扬州市政协副主席等职，直至1991年离休。

二舅对分管的各项工作勤恳敬业，满怀热情，对泰州的建设做出了很大的贡献。主持城建工作时，在他的倡导下，先后创办了泰山公园、果场、渔场、自来水厂，主持并参与了坡子街、东进路、五一路早期拓宽工程。他领导创办了泰州化工学校，为泰州市化学工业培养了一批骨干。二舅崇文重史，在进行城市建设的同时保护了光孝寺戒台、御史牌坊和胡人石刻等一批有价值的历史文物。

1954年7月，泰州遇到罕见的洪涝灾害，鲍家坝坝堤危险，并可能对里下河地区造成危害。当时二舅担任抗灾现场指挥，提出"不让一滴水流入里下河"的口号，亲临抗灾前线，冒着倾盆大雨与抗洪的广大干群奋战在一起。

1956年3月在二舅的邀请安排下京剧泰斗梅兰芳大师来泰州祭祖演出，盛况空前。网上有这样一段描述：

"1956年3月7日，桃花含苞，春梅含笑，古城泰州披上了节日的盛装。下午5时许梅兰芳携夫人福芝芳和幼子梅葆玖到达泰州。在车队前往泰州当时最有名的乔园宾馆的途中，到处鞭炮声声，锣鼓喧天，人声鼎沸，十里长街沉浸在欢乐的海洋之中。只见街头巷尾欢迎的人群摩肩接踵，人山人海，笑声、欢呼声响成一片，人们都争相一睹这位艺术大师的风采。小城泰州出现了'万人空巷看梅郎'的壮观景象"。

泰州附近地区，远至东台、盐城、海安、扬州的群众也赶来观剧。时值春寒，但剧院门口人们彻夜排队，一票难求。

梅兰芳和他的梅剧团在泰州连演五天，以三、四折票价售票。后来应群众热烈要求，梅兰芳不顾疲劳，主动提出加演一场作为答谢。工作人员还在剧场外安装了喇叭，"现场直播"梅剧团的演出。

3月9日下午，梅兰芳和家人在二舅和族兄梅秀冬陪同下到位于泰州东郊马家汪的梅氏祖茔祭扫，他敬献了花圈、添土、献花、行礼，久久不愿离去。这是梅兰芳一生中仅有的一次返乡探亲祭祖。

梅兰芳还送给二舅一张背面有他签名的照片，二舅的儿女们都见过这张照片，可惜这张珍贵的照片在文革中丢失了。

2020年是二舅诞辰100周年，时任泰州市政协学习文史联络委员会副主任的李良先生在《泰州晚报》上撰文详细记述了这段往事：

"王老还有一件不为人所知的事迹。梅兰芳是泰州的杰出乡贤，梅先生1956年返乡祭祖演出能够成行，王老在其中发挥了重要的作用。梅先生与故乡的联系，由于时间久远等原因，已不太紧密。当时梅先生在全国各地为群众巡演，家乡人民希望梅先生能回乡演出，但缺乏邀请途径。1956年3月，梅先生在南京演出。王老就带着全市人民的期盼，找到了时任省文化局长的李进，请他帮忙邀请和动员。李进是泰州人，又是王老的好朋友，王老出面相请，李进先生自然全力以赴，最终梅先生临时改变行程，返乡演出。

梅兰芳返乡演出，是泰州历史上的一件大事。原县级泰州市政协编的《梅兰芳与故乡》一书，征集梅兰芳与家乡的史料，王老写了《回忆梅兰芳回乡访问演出》一文，却只字不提自己在其中的功劳，可见他为人处世是多么的谦逊退让、虚怀若谷啊！我之所以知道这件事情，是二十多年前听李进先生亲口讲述的，他说，王石琴（我二舅）让他去请梅兰芳，是'将了我一军。请不成，我怎么向家乡人民交代啊！'"

我在网上找到了《回忆梅兰芳回乡访问演出》一文，这篇文章是二舅1961年为悼念梅兰芳逝世而作。在这篇2000多字的文章中，二舅只用短短27字"梅兰芳愉快地接受了泰州的邀请，在宁演出一结束就回泰州来了。"描述了他邀请梅兰芳来泰州演出的过程。顺便说一句，这位文化局长李进，笔名为夏阳，是电影《红色的种子》的编剧。

日前我在网上找到一张当时梅兰芳及梅剧团成员和泰州市政府领导们的合影照片，照片中梅兰芳雍容尔雅，时年36岁的二舅俊朗帅气。

1959年1月二舅在中共泰州县委《火花月刊》1959年第1期创刊号上发表文章《泰州解放十年有感》。文中指出1949年至1959年泰州解放10年中，泰州工业、城市建设飞速发展成绩巨大。改造了步子街、新建中百店、新办许多工厂、拓宽东大街、改建文明旅社等。新办或改建（国营）肉联厂、苏北电机厂、炼焦厂、人印厂、木器厂、发电厂、泰来面粉厂、华泰纱厂、一布厂、二布厂、造纸厂、水泥厂、煤炭厂、食品厂、豆食品厂、林机厂、汽油机厂等几十家工厂。重建泰山公园、新建烈士陵园、烈士祠、烈士纪念亭、东街商业大楼、改造天福布店、天成太百货店，大华电影院、苏北大戏院等。

文革中二舅受到冲击。1968年10月他被下放到五七干校劳动直至1972年6月。

1972年7月二舅回到泰州市城建局。

1976年1月起二舅担任泰州市建设局副局长。

1981年1月起二舅担任泰州市人大副主任。

1983年5月二舅当选为扬州市政协副主席，任职至1993年。

1990年4月二舅在泰州市人大副主任位置上离休。

1994年10月5日凌晨，二舅在上海病逝。

二舅是个谦逊、和蔼、儒雅的人。泰州民盟老主委石林在回忆文章中写道："……不管他为泰州做了多少事，但他本人总保持普通平常人的形象：穿着朴素，布衣布鞋，走起路来总是不快不慢，待人接物，平易近人，一点儿看不到官架子，而且数十年如一日"。

我五岁多的时候得了急性肝炎住进医院，二舅和妈妈来看我。二舅带给我很多好吃的东西。我依稀记得二舅说妈妈"儿女已成行"。很久以后我才知道二舅是用杜甫的那句"惜别君未婚，儿女忽成行"感慨时光的流逝。

1960年春节，我姨妈从北京经南京中转回泰州老家探亲，把我也带了去。在泰州期间二舅领着我和他们全家去泰山公园游玩。我记得那天天很冷，阴沉沉的，树叶凋零，实在没有什么好玩的。我还在一个湖边拍了张照片，这张照片后来也不知弄到哪里去了。在写这篇文章时我查到资料，1957年7月泰州市政府决定把宋代以来的泰州岳墩（泰山）、小西湖、临湖禅院等历代形成的名胜古迹统一建为泰山公园，二舅当年为重建这个公园倾注了大量心血。可惜我当时年幼，不能体会这个公园承载的厚重历史。

文革中有一次二舅来南京我家，我们在院里散步，对面工地上有一个眼尖的工人认出了二舅，工人们围拢过来簇拥着他"王市长""王市长"的叫个不停，十分亲热，二舅和工人们一一握手。这群来自泰州的工人时隔多年居然能认出带领他们工作过的市长，可见二舅当年和工人们的关系有多密切。

90年代国内物质生活已经相当丰富，领导干部出行小车接送很常见，时任扬州市政协副主席的二舅对自己严格要求。到扬州开政协、人代会时他会顺便看望在扬州工作的女儿。女儿家离会议住处较远，二舅每次都是乘公共汽车上女儿家，有时还借女儿的自行车往返。如果开完会在扬州住上一两天再回泰州，二舅都不让机关再派车来接他，而是自己买车票回泰州，他那时已是70多岁的老人。

前几天我在网上看到这样一些消息：

2020年6月19日，民盟泰州市委举办纪念二舅诞辰100周年座谈会暨纪念封发行、王石琴支部成立揭牌仪式。二舅是登上泰州历史文化名人系列封的第十三位泰州名人。会议对二舅为泰州民盟组织的发展做出的贡献给予极高的评价。

2020年12月民盟王石琴支部协办"感恩时代，致敬英雄"公益活动。

2021年4月21日民盟王石琴支部举办文学阅读讲座活动。

我深深感觉到二舅虽然离我们远去多年，但他的精神已为家乡人民继承，他对社会的影响、人们对他的怀念，会很长，会很久。

写于 1/28/2022

7. 三舅

三舅1924年10月出生于江苏省泰州市姜堰区白米镇马沟乡，他先后在泰州城东小学、泰州中学、扬州中学、重庆国立二中上学念书。

泰州城东小学始建于1903年，历史悠久，学校的校歌很具历史感："在痒在序，在城之东。莘莘学子，化于春风。知仁行勇，以正启蒙。德智体美，四育同工"。"庠序"指学校，商朝称学校为序，周朝称学校为庠。三舅在这所小学里度过了童年的美好时光，作为1935届校友，三舅曾撰文描述过他的小学生活。

三舅上中学时正值抗战期间，时局动荡。1941年2月泰州沦陷，三舅随二舅到上海租界内读中学。同年12月7日日军袭击珍珠港，太平洋战争爆发，次日日军占领上海租界。二舅三舅他们立即决定离开上海去泰州乡下继续念书。12月12日离开上海前，二舅三舅及其他好友6人组织了"星星社"。取名"星星"是因为星星是黑暗中照亮世界的光明，它出现在黎明的前面。大家结成永恒的友谊，互相帮助鼓励。共同去追求抗战胜利的光明。

四、亲人

　　1943年1月三舅、我妈妈还有其他十几位青年学生从泰州出发去大后方求学，他们绕道宜兴张渚与那里的一些青年学生汇合，张渚的这些学生中有我后来的三舅妈。到达大后方后，三舅到四川省合川国立二中读书，三舅妈考入贵阳医学院，两人虽不在一地，但是经常通信，建立了亲密的友谊。

　　1944年冬，日军入侵贵州独山，贵阳告急，贵阳医学院被迫迁往重庆在沙坪坝歌乐山借用国立上海医学院的校舍办学。此时三舅也已考入中央大学经济系，在重庆沙坪坝读书。从此三舅和三舅妈离得更近了，他们在假日相聚，交流学习、互相勉励。

　　1946年1月三舅在重庆加入中国民主同盟。

　　1946年11月国立中央大学迁回南京，三舅到南京继续读书。三舅妈转入国立上海医学院去上海读书。

　　1946年12月24日平安夜，北平市东单广场发生"沈崇事件"。1947年1月初，为抗议美军暴行，中大系科代表大会决定举行抗暴游行，在参加游行队伍的进步学生中，活跃着多位民盟盟员的身影，其中就有三舅。他当时遭到特务学生的毒打，随后赶来的同学驱散了特务学生，三舅坚持参加游行。

　　1947年5、6月间，国民党统治区的学生举行了大规模的游行运动，这次运动是1949年前中国学生运动史上规模最大的一次，国统区城市里几乎所有学生都参加了运动，人数达60万。三舅积极投入运动。我曾看到过一张三舅和他的同学们520期间打着大横幅在中央大学（现东南大学）门口的照片。

　　1947年冬，民盟被迫解散，三舅当时担任中央大学民盟工作委员会委员。他们与上级失去了联系，为了保持与现有盟员的联系，并适当开展一些活动，他们几位盟员在中央大学创办了一份油印刊物《周闻》，每周出版一次，油印数百份，在校内散发。

　　1947年底，上海地下党为了广泛地团结进步青年，决定成立新民主主义青年联盟（新青联）。新青联的主任委员是赵寿先，副主任委员是郑显芝和焦伯荣，以上三人均为中央大学学生。1947年12月三舅在南京参加新青联。

1948年1月寒假期间，三舅、我妈妈还有一些来自泰州在上海读书的大学生回到家乡。当时二舅在华泰纱厂任职，在他的支持帮助下，三舅他们春节期间在华泰纱厂与职工开联欢晚会，他们唱进步歌曲，演秧歌剧《兄妹开荒》《王大娘补缸》等。他们还在厂里组织了工人夜校教工人识字，宣传组织工人群众，传播进步思想。

1948年3月三舅在南京参加了中国农工民主党。

1928年初，国民党左派谭平山、章伯钧等在上海成立"中华革命党"，以邓演达为总负责。邓演达希望能在国共两党之外，形成第三种势力，在中国建立资产阶级共和国。中华革命党几经重建、改名，于1947年2月在上海召开的第四次全国干部会议上改党名为中国农工民主党，选举章伯钧为中央执行委员会主席。1957年反右运动中，大批农工党党员被划为右派。

1948年5月6日三舅和三舅妈在上海结婚，婚礼十分简单。他们用准备结婚的钱购买了一架短波收音机，给新青联负责人焦伯荣抄收新华广播电台的电讯使用；购买了一辆自行车，供新青联同志散发刊物时使用；购买了一张三人沙发床，供一起工作的同志留宿。

1948年6月，国民党开始在中央大学大抓捕，三舅上了黑名单。地下组织要安排三舅和三舅妈撤退到浙东解放区。8月初，三舅他们的联络人被捕，三舅想请二舅帮忙找个工作掩护下来，那时二舅在无锡做事。8月20日那天三舅找到他时，他把当天的《中央日报》发布的国民党"特种刑事法庭"传讯名单拿给三舅看，名单上三舅的名字赫然在列，这样，在蒋管区找工作是不行了。在二舅的帮助下，三舅暂住在上海一个朋友家，他弄了张化名的身份证，通过地下渠道去了香港，随后三舅妈也到了香港。在香港期间，三舅和三舅妈相依为命，共渡难关，继续为理想奋斗。

1948年9月上海发生了"利群书报社案"，其后10月新青联的三位主要负责人赵寿先、郑显芝和焦伯荣相继被捕。11月21日赵寿先于狱中跳楼身亡，时年25岁。郑显芝和焦伯荣1949年5月7日被国民党秘密杀害于上海浦东戚家庙，郑显芝当时28岁，焦伯荣27岁。同时同地还有李白烈士（《永不消逝的电波》的人物原型李白）

和其他九位烈士遇难，人们称他们为浦东"戚家庙十二烈士"。这一天离5月27日上海解放仅20天。

如果当时三舅不是被组织安排远避香港，他可能遭受同样的命运。

1949年1月三舅加入中国共产党。

1949年9月建国前夕三舅由香港到达北京。建国后三舅主要是在全国政协和农工民主党北京市委工作。1993年三舅在农工民主党北京市委秘书长、北京市政协副秘书长位置上离休。在工作岗位上三舅兢兢业业，几十年如一日，为统战工作做出了贡献，同时他还积极投入社会工作。

网上有一篇以诗经小雅《隰桑》中"中心藏之 何日忘之"为题5000多字的长文，详细记述了三舅在中央大学北京校友会的工作。

1987年6月9日中大北京校友会成立，三舅担任副会长兼秘书长，他对校友会的建设和发展倾注了大量的心血，在中大校友中有口皆碑。"凡与校友会有关的一切活动，他事必躬亲，巨细不遗，任劳任怨，一丝不苟。他不愧是咱们中大北京校友会的灵魂"，校友高叔眉说。

三舅是一个重情义的人。每年春节中大校友聚会都会给在京90岁以上的老学长拜年。三舅还亲自带队去一些老学长家中拜年、祝寿。2005年春节，他们到政治系老学长王艮仲家中拜年，祝贺他102岁高寿；2002年1月，他们到教育系老学长董德鉴家中，祝贺他100岁的寿辰；2002年7月20日，他们到著名建筑大师张开济学长家中祝贺他90华诞。隔天的《北京晚报》在头版头条刊登了校友为张开济学长祝寿的大幅照片，并配发了整版的长篇报道；2008年7月14日，他们到法学院老教授芮沐的家中祝贺他百岁华诞。多年来，尊师敬贤是校友会的重要任务之一。

中央大学北京校友会是联系台湾和海外校友的纽带。《中心藏之 何日忘之》一文中写道：

"《诗》云：'嘤其鸣矣，求其友声'。宝岛台湾是我国除大陆外，中大校友最多的地方。那里，有王竹琴（我三舅）不尽的牵挂。王成圣学长是王竹琴同届中大边政系的校友，读书期间，二人已略为相识。1949年，王成圣学长赴台，因他是'国大代表'，一直不便与老家四川冕宁的亲属联系。上世纪80年代，王竹琴的挚友、农经系张荣德来京探亲，带来了王成圣的著作及他创办的《中外杂志》等书刊，并托王竹琴与他的家属联系。1990年8月16日，张荣德再度来京，又带来王成圣的信，信中反映他在老家的弟弟王成贤因水灾冲毁房屋而重建有难，王竹琴学长当即致函中共四川冕宁县委台办，请予帮助解决。2001年，王成圣之女从河北大名来京，王竹琴设法让他们父女通了电话。2004年9月26日，王成圣去世。王竹琴即电请在台校友崔之华以中大南大北京校友会的名义向王成圣敬送花圈致哀，并慰问其家属。是年12月12日，王竹琴仍给王成圣的三儿子王文正和儿媳陈秀英发去贺年片和慰问信。王氏夫妇深为感动，说：'两代深谊，感曷可言'。为感谢王竹琴，他们特地来京看望王竹琴，并赠送了一批《中外杂志》，以后定期寄来。王竹琴为了沟通两岸信息，自费将这些杂志定期转寄给母校和上海、重庆、云南等地校友会。

1995年5月，农经系谢森中学长偕夫人教育系谢延禧来京参加海峡两岸金融研讨会，希望见到过去的老同学，王竹琴当时还在住院，他委托儿子约到了贾文林、刘伯岑、杜度、王河林等8人去宾馆会了面，王竹琴带病也从医院里赶来，代表校友会欢迎了谢森中夫妇。2000年10月21日，谢森中夫妇从南京参加两岸校友学术交流会后再次来京，还希望见到前次见过的在京校友。经王竹琴多方联系，只有贾文林在京，还生病住院，谢森中夫妇特地去积水潭医院看望。王竹琴与曾逖闻、梁玉龙、陈理等校友会负责人多次去看望谢森中夫妇，得知谢延禧身体不适，当由曾逖闻联系请301医院院士王士雯校友进行了诊治。

两岸校友之情在一次次的互相关爱中紧紧相连，王竹琴就是这连接友情的纽带。王竹琴不计名利、不顾劳累、不辞辛苦，热心为校友们服务,其中有多少琐事,就有多少'鹡鸰在原,兄弟急难'之情。

那些旅居国外的校友,在'海上生明月,天涯共此时'之际,'此时相望不相闻',令人感伤。因此,对万里风涛归来的海外校友,王竹琴只要知道他们来京的信息,都要亲去看望,有时还开座谈会欢迎他们。90余岁高龄的顾毓琇老校长夫妇来京,王竹琴与校友去北京饭店看望他们,还请他老人家看他所喜爱的京剧。美国物理学会会长吴健雄来京,王竹琴约她在京的同班同学孙家炘一同参加欢迎座谈。旅美校友会会长伍承祖、童传辰、庞承濂、唐德刚、马大任等校友先后来京,王竹琴都组织和参加了校友会的欢迎接待,为他们接风洗尘。海外校友有托,王竹琴总是有求必应,尽力去办。如旅美体育系校友龚树森在洛杉矶创办了'美国中华体育联谊会',1989年,他写信给王竹琴,想组织'纽约老马篮球队'访问祖国大陆作友谊比赛。王竹琴便与国家体委联系,使该篮球队成功访问了北京、南京、重庆等七个城市。1998年,旧金山校友顾寿恩教授欲来京讲学。王竹琴便与校友胡代光、王相钦等商量,1999年10月邀请他到北京商学院和北京外贸大学及北大经济学院讲学、交流。1994年,旅美校友胡匡敏推荐其弟、电脑专家胡匡冀回国进行科技交流。经王竹琴多方联系,从这年10月28日到11月9日,胡匡冀在清华大学、四机部和北京理工大学参观、讲学,等等。王竹琴的万里挂怀,就似那重洋浩浩。"

为了加强与校友的联系,三舅千方百计搜集海内外各地校友通讯录。在他的书房里放着一沓沓的通讯录,其中有上海、重庆、南京、成都、武汉、云南等大陆各地校友会的通讯录,还有港澳台及美国、新加坡等地的校友通讯录。在这些通讯录上,三舅做满了各种笔记。一些校友的地址电话变了,三舅就及时更新,有的甚至已经变更了四、五次。这些笔记的一笔一画,工工整整,令人惊诧、叹服。

1989年我来美之前,三舅给了我一位中大校友杨妈妈的联系方式。杨妈妈1949年去了台湾,后来到了美国,她们一家就住在我要去上学的那个城市。杨妈妈80年代中到大陆探访亲友,三舅在北京接待了她，帮她找到了失散多年的校友。我来美后杨妈妈一家对我十分关爱照顾，帮助我度过了来美初期那些艰难的日子。杨妈妈不止一次和我提到在北京三舅对她的接待和帮助，她说："你舅舅是个好人，你舅舅是个好人啊"。

1997年，三舅被北京市政府、北京市人事局和北京市老干局评为"老干部先进个人"。2007年5月被南京大学校友总会评为"南京大学优秀校友工作者"。

2007年春，三舅参加了北京市老年大学诗词班学习，那年他已是83岁高龄。他在给他的学长发的邮件中说："孔子云：'不学诗，无以言'，又称：'诗言志'。弟深感拙于文词，2007年春三月，决心参加北京市老年大学诗词班学习，师从张怀恩先生，每周听课一次，交作业一份，以期'亡羊补牢'。'东隅已逝'，但愿'桑榆非晚'。谨附上习作数则，一以汇报年来近况，更期学长大力斧正"。这封2008年初发出的邮件三舅也转发给了我，我在邮件里他给中大学长的"2007年年终总结"中读到这段文字，邮件还附上了他2007年中完成的9篇诗作。我当时回邮："新年将至，意外地收到您的电子邮件。我们细读了您的信件，细品了您的诗作，为您的才华所折服，为您的精神所感动。您乐观进取，蓬勃向上，为我们晚辈树立了榜样"。这封14年前发出的邮件确确切切地表达了我此时此刻对三舅的崇拜和景仰之情。三舅的诗作附在这篇文章的后面。

2007年底听到北京电视台将在2008年春节晚会上同时举行金婚庆典的消息，三舅和三舅妈很兴奋，2008年是他们结婚60周年，三舅即兴将他们一同携手走过60年的日子归纳为："弱冠相识，结伴同行。后方读书，同甘共苦。参加学运，风雨同舟。投身革命，同心同德。耄耋离休，相濡以沫"。他们在儿女的鼓励下积极报名参加这一活动，在最后一轮预选出线的41对老夫妻中他们排名第10。但后来由于没通过体检他们最终没能参加这一活动，这不能不说是一个遗憾。

2014年6月8日三舅在北京去世，享年90岁。三舅一生所积累的古典书籍无偿捐赠给泰州家乡的图书馆。

四、亲人

附文：

三舅2007年习作数则

如梦令《怀友人》

2007年4月17日

昨夜梦中相遇，举止笑谈如故。
破浪下金陵，一路风光关注。
思慕，思慕。今日寓居何处？

点绛唇《回乡》

2007年5月13-17日

一夜飞驶，蒙眬睡醒家乡到。
路边喧闹，却似他乡调。
别是青年，归是龙钟老。
寻原校，绿树环绕，陋巷呈新貌。

浣溪沙《记故乡江苏泰州市》

2007年5月13-17日

故郡千年换旧颜，火车一夜到边关，运河坦荡北南连。

城里小街成大道，郊区地辟起楼盘，居民十万喜乔迁。

诉衷情《述怀》

2007年5月29日

八三回首意从容，自忖壮心胸。
平生虽少成就，矗立似青松。
鬓已白，志犹雄，气还浓。
喜期今日，社会和谐，奥运成功。

《怀友》（二则）

2007年9月4日

一

耄耋黔滇旅，同窗结伴馨。
夕阳无限美，挚友半凋零！

二

当年志趣同，别后信常通。
万里飘洋去，归期入梦中。

《温馨赠老妻玉林》

2007年9月18日

行前勤嘱咐：事毕早回还，
注意添衣服，当心路不平。

《学诗》

2007年10月9日

往日蹉跎久,今朝试赋诗。
拼音需慢记,格律尚粗知。
意境难浮现,胸中更少词。
唯将勤苦练,皓首以为期。

《庆"嫦娥一号"奔月》

2007年10月24日

嫦娥星点火,光耀照尧天。
万里腾空去,经年绕月边。
科研精设计,制造巧如仙。
举国同欢庆,千秋美梦圆。

整理于 2/5/2022

五、人 物

1. 朱厅长

　　文革前我们院子里住着四位江苏省教育厅的副厅长，朱厅长就住在我家楼上。

　　朱厅长是河南人，高高的个子，目光慈祥。他声如洪钟，有点耳背，所以说起话来声音很大，很远都能听见。在共产党的高级干部中朱厅长可以算得上是一位雅士。他喜欢下围棋，打网球，还写得一手好毛笔字。到了周末朱厅长会约些人来"手谈"，棋子落盘的啪啪声经常响至深夜。有时他高兴起来会把我和他儿子毛头招在一起给我们讲一些"金角，银边，草肚皮"之类的围棋ABC。周末时朱厅长还经常背着网球拍骑自行车去五台山体育场打网球。朱厅长的魏碑体毛笔字苍劲有力很见功底。

　　在省教育厅朱厅长主抓中学教育。朱厅长先前曾在南京市教育局做同样的工作，所以他是这方面的行家。朱厅长的教育理念十分开放，他主张开门办学，学生走向社会，反对埋头读书。1964年毛泽东《春节谈话纪要》发表后，全国上上下下都在推行教育改革。朱厅长是这场改革的积极实行者，他去南师附中蹲点试行教育改革。有一次附中学生步行去农村开门办学，年过五旬的朱厅长陪同学们步行了几十里。同学们把当时流行的一首歌"巍巍井冈山，养育了钢一连，毛代表就在我们身边，朱军长走在队伍前面…"中"朱军长"改成"朱厅长"一路高唱，士气十分高昂。

　　1965年的一天朱厅长请回乡知青董加耕来他家做客。董加耕是江苏盐城人，1961年时他放弃了保送上北大哲学系的机会，放弃高考，立志回乡务农，做出了成绩。1964年12月27日，在京参加第三届全国人大会议的他被邀请参加毛泽东的71岁生日家宴，坐在毛泽东的左手边，坐在毛泽东的右手边的是邢燕子，同桌的还有陈永贵、王进喜、钱学森等。

董加耕在当时是个家喻户晓的人物，记得有儿歌唱道，"咯噔蹬，咯噔蹬，我骑马儿去盐城，盐城有个董加耕……"（去年10月凤凰卫视"鲁豫有约——董加耕访谈"节目中鲁豫戏称董加耕为当年的刘德华）。那天我们知道董加耕要来朱厅长家做客，早早就等在楼梯口。不一会董加耕来了，他那天穿一件暗红色的卫生衣，黑红黑红的脸膛很朴实，一副邻家大哥模样。董加耕向围在楼梯口的大人和孩子们微笑招手，我们都很兴奋很激动。

1966年文革开始后，朱厅长写了一张大字报批判"修正主义教育路线"，南师附中的红卫兵小将们给大字报加了序并冠以醒目的标题"厅长也造反了"。这张大字报当时贴满了南京大街小巷。1967年3、4月间，全国上下开始"抓叛徒"。不知为什么朱厅长的名字也进了叛徒名单。一天晚上南师附中来了几十个红卫兵，院子里自行车黑压压停了一大片。小将们冲进朱厅长家要他交代成为叛徒的经过。从在楼梯上上上下下的小将们的脸上和他们的议论中看出他们很气愤很激动，他们曾如此尊敬和拥戴的朱厅长竟然是一个隐藏在革命队伍中多年的叛徒。

朱厅长在客厅里大声地解释和争辩着什么，一直持续到下半夜。小将们把朱厅长带去南师附中关在一个小楼上继续审查。在后来几天的审查过程中小将们动手打了朱厅长，朱厅长不堪其辱以跳楼抗争，摔折了腿。"医院诊断为腰椎断裂，脚跟骨折。朱出院在家休养期间，又被学生揪到学校审查，当时是由丁老师（附中两个右派之一）用板车将不能动弹的朱拖到学校的。朱在学校禁闭了几个月，由家中的小女儿和保姆护理。"（"南师附中老三届"网《南师附中文革大事记》）

后来省级机关在句容县的下蜀镇和桥头镇建"五七"干校，朱厅长尚未痊愈，拄着双拐下了乡，他家保姆随之下乡照顾他。朱厅长的夫人在南京市的一个机关工作，当时带着十三四岁的儿子毛头和毛头的一个姐姐下放到淮安农村。毛头的另一个姐姐留在了南京，一家人分了三处。

1974年朱厅长从干校回了南京，这时我们全院已搬入民政厅的残废军人收容所。朱家只分了两间阴暗潮湿的小屋，白天屋里不开灯什么也看不清。我有时去他家串门，看见朱厅长总是静静地坐在屋里看书或写什么东西。朱厅长一家在这样的环境中住了整整十年。1979年我们都搬出了这个院子，从此就很少见面了。

1977年高考恢复后，中学的教学迅速回到追求升学率的老路上。朱厅长当时赋闲在家，可他一直关注中学教育的发展状况。80年代初是改革开放的年代，当时的改革之风激起了朱厅长长期以来从未平息过的教改热情。他在南京八中找了一些赞同他教改理念的老师搞起了试点。为了获得第一手资料，他去八中听课。当时朱厅长年近70，已是一介平民，每次去八中都是挤公交车，他在文革中摔折的腿走路很困难，每去一趟的难度可想而知。

朱厅长的耳朵那时基本失聪，借助高分贝的助听器才能听见一点声音。朱厅长在八中听课，严格地讲是"看"课。他坐在讲台前，面对学生，通过看学生的表情来判断教师的讲课效果。由于他的热情，八中当年曾短暂地形成过一个教改的氛围，大约持续了一年。朱厅长的教改之梦很快就被追求升学率的大潮淹没。

在学校的改革碰了壁，朱厅长又想召集一些有志于教改的老师来写点东西。他认为自己的思想是超前的，虽不为当时的人们所接受，但将来一定会有益于教育事业。他的这一想法不知什么原因，最终没能付诸实现。朱厅长多年来一直在做着教改梦，可一直壮志未酬。他的一个女儿曾这样评价她的父亲，"热情有余，处处碰壁"。

1994年我回国探亲，特地去朱厅长在西康路的住处探望了老人。老人看见我很激动，握住我的手半天不放。老人很健康，眼神还是那样慈祥。问了一些我在美国的情况后，老人告诉我他正在写书，想把他几十年在教育领域工作的经验和体会写下来。老人说："我的观点和他们（我想是指当时主管教育的人们）完全不同，没有人愿意听我的，但是我还是要写。"说这话时老人平静、自信、坚定。他已没有了追随者，孤身一人，仍为自己的信念奋斗着。

我望着这位80岁的老人，心里充满崇敬之情。老人对教育工作的观点或许有可商榷之处，但他这种执着的精神深深感动了我。1994年后我再也没见过他。后来听说朱厅长完成了30多万字的书稿，但没有地方可以出版。出版社的条件是他必须自掏腰包，自行推销。老人已没有精力完成这件事，这部书稿现在仍束之高阁。

朱厅长于2007年8月11日在南京逝世，享年93岁。这样，老人走完了他坎坷的一生。

我相信南京市一些老中学教师一定还能记得这位为教育事业特别是中学教育事业工作和操心了一辈子的老人。

原文写于 5/31/2008 修改于 12/7/2021

2. 孙老头

文革前，江苏省教育厅的孙副厅长住在我们院子里1号楼的楼下。在教育厅的厅长中，孙厅长年纪最长，我们背地里都叫他"孙老头"。

孙厅长是江苏灌南人，资格很老，上世纪30年代初他和他的一个远房叔叔就入党参加了革命。灌南是革命老区，1928年就有了共产党的组织，长期的革命斗争中孕育了芮杏文、惠浴宇、孙氏叔侄等一大批革命老前辈。

孙厅长在30年代中期由于叛徒出卖入狱，被关押在位于南京晓庄的"首都反省院"。出卖孙厅长的这个叛徒曾出卖过当时的共产党江苏省委组织部部长黄励。黄励于1935年7月5日被国民党枪杀于南京雨花台，时年28岁。1937年77事变爆发，周恩来代表党中央与国民党谈判，国民党同意释放政治犯。孙厅长被释放后回到老家继续从事革命活动。孙厅长50年代中在杭州师范学院任院长，后调至江苏省教育厅任副厅长。

孙厅长调任江苏实际上是被贬而来。1959年庐山会议后，浙江省在组织高校领导学习时把彭元帅的万言书发给这些领导们读，文件发下来时没有标明作者也没有任何背景说明。孙厅长不知就里，认为彭的万言书很有道理，他还在会上发言，表明自己的观点，哪知就此闯下大祸。当时上海的柯某就用这样的手法害了许多人。江苏的惠省长坚决反对这样做，保护了一批干部。孙厅长调任至江苏，行政上算是平调，但不是教育厅党组成员，政治上不受信任。这对当时就有近30年党龄的孙厅长来说是一个惩处。

孙厅长十分和善，一副文人模样。他和他那位担任省委组织部副部长的远房叔叔性格迥异。孙部长为人豪爽，说话高喉咙大嗓子，杠杠的，一副天塌下来老子顶着的架势。

孙厅长家的客厅里挂了一对长长的条幅，上有鲁迅先生的手迹，"横眉冷对千夫指，俯首甘为孺子牛。"这条幅或多或少抒发了主人的情怀。父亲和孙厅长是很好的朋友，周末时常去孙家坐坐，或聊天或谈工作。

文革开始后，社会上的一伙造反派看中了我们院子里临街的1号楼，要占用这栋楼做他们的司令部。当时教育厅的造反派头头，原机关里的两个水电工，居然同意了这伙造反派的无理要求，令住在1号楼的两位厅长限日搬迁。结果只好大家挤一挤，二楼的王厅长搬进了3号楼，孙厅长搬进了我们居住的2号楼。

1969年初，我们又一次大搬家。这次举院搬进民政厅的一个残废军人收容所，孙家只分到一间房。房间里有一半堆了书，剩下的地方只能放下一张床，一张桌子和一个旧沙发。那一阵孙家的四媳妇小俞生了孩子坐月子，小俞的外婆来帮忙，孙家根本没法住，她们只好住在我们家。好在当时我父母都在干校，姐姐也下乡插队去了，家里勉强可挤得下。

孙厅长身体一直很差，患有高血压等多种疾病，就是这样1968年他还是去了干校，那时他已是六旬老人。孙厅长干不了农活，只能在伙房帮厨。有一阵,造反派给孙厅长派了个活,让他钳鸭毛,也就是把杀完后粗褪了毛的鸭子身上的细毛全清干净。这对一般人可能很简单,但孙厅长眼睛高度近视,平常要带 1,000 度以上的眼镜,他根本看不清鸭子身上残留的细毛,基本靠手摸着干活。孙厅长平常又不做家务,笨手笨脚地一天只能清干净一只鸭子。那些造反派奚落孙厅长说他清一只鸭子的工钱是六元钱,够他们吃半个月了。孙厅长当时的工资大约是一个月 180 元。这些造反派够损的。

不知是七几年北京来了一伙造反派找孙厅长搞外调,他们拐弯抹角绕来绕去问些问题。孙厅长发现他们其实只对 1937 年 8 月 18 日周恩来到首都反省院向被关押的政治犯做形势报告这件事感兴趣。他们问得很仔细,包括周那天穿的什么衣服,和谁谈过话等等。孙厅长敏锐地觉察到这伙人是冲着周恩来来的,他们是在搜集整周的材料。孙厅长把自己了解的情况如实说出,这些人不满意,想挖出什么炮弹来。结果那天他们什么也没得到,他们大骂孙厅长是叛徒,最后气急败坏地走了。

1974 年后,去干校的人基本上都回来了。我们经常可以看到孙厅长在院子里散步。孙厅长很平和,很容易接近,我每次碰上他,他都会过来聊上几句,问问工作怎么样,生活怎么样。孙厅长和人聊天有个特点,他很专注,微微笑着看着你,给人感觉你说什么他都爱听,尽管我当时还是个毛头小伙,也说不出什么一二三来。

文革后期,《红楼梦》成为可以公开阅读的古典文学名著。在大批封资修的年代,《红楼梦》居然能畅销热卖,不能不说是一道奇特的风景线。这起因是 1973 年底伟大领袖和许司令的一次谈话。在谈话中伟大领袖问许有没有读过《红楼梦》,许说读过一遍,伟大领袖说《红楼梦》要读五遍才有发言权。我怀疑许司令是在蒙伟大领袖。想想看,五大三粗的许司令手捧《红楼》挑灯夜读,那是一幅多么有趣的画面。

鲁迅先生说过,一部《红楼》,"经学家看见《易》,道学家看见淫,才子看见缠绵,革命家看见排满,流言家看见宫闱秘事",而伟大领袖则从中看到了阶级斗争,"不是东风压了西风,就是西风压了东风。"不管伟人们怎么评，怎么看，老百姓能在文革后期那"奈何天，伤怀日，寂寥时"读上这"悲金悼玉的《红楼梦》"实为一大幸事。

有一次孙厅长来我们家串门，看见桌上放了一本《红楼梦》，就拿起来翻看。那阵我正在读《红楼》。说实话，我当时差不多也就是小学五年级语文水平，读《红楼》有一定困难。书中第一回里"神瑛侍者"和"绛珠仙子"的故事我弄不明白，第五回里的一大堆诗词更是读得我头兮昏的，碰到书中这类诗词歌赋我基本上就是跳过去。

孙厅长是知识分子出生的干部，我听父亲说过，孙厅长年轻时读过不少书，是个有学问的人。正好孙厅长在这里，我就顺便向他请教。谈起《红楼梦》，孙厅长来了精神。他说，第一回开头的那个故事只是一个引子，一个噱头，是为了引出《红楼梦》这个故事。值得注意的是第五回中的那些诗词歌赋，它们暗示了书中众多人物的故事和结局，一定要细读。接着他从《红楼梦引子》"开辟鸿蒙，谁为情种？"开始，讲到[终身误][枉凝眉]，一直到[好事终][收尾·飞鸟各投林]"好一似食尽鸟投林，落了片白茫茫大地真干净！"。解释完后，孙厅长说，你应该去问问你父亲，他的古文要比我强得多。

孙厅长的一番点拨让我茅塞顿开，激起了我读《红楼》的浓厚兴趣，后来我在上面花了不少功夫。孙厅长又把书翻到第一回说，这里面有一段很有意思，说着他读起了第一回中的《好了歌》，"世人都晓神仙好，唯有功名忘不了！古今将相在何方？荒冢一堆草没了。……"。读完后，他合上书，用浓重的灌南口音若有所思地继续念道，"号便是廖，廖便是号（好便是了，了便是好）"，念罢，仰首大笑。我从来没见孙厅长这么笑过，我无法洞悉老人的内心世界，但感觉到他的笑声中有一种凄凉，一种沧桑，一种无奈。

1975年孙厅长家搬去了汉口路。后来听说孙厅长中风了，虽然救了过来，但面部神经肌肉都麻痹了，说话也不清楚了。还听说孙厅长脾气变得很坏很急躁。1976年春天，孙厅长决定搬回灌南老家去，他家人不同意，因为灌南是一个小县城，医疗条件很差，去灌南意味着放弃治疗。孙厅长当时头脑很清楚，但很固执。他完全清楚去灌南的后果，他热爱那片土地，他要落叶归根。

我父亲知道了这个消息，让我的一个姐姐陪他去孙家和孙厅长道别，那时孙厅长已经非常瘦弱。那天他们两个有着多年友情的老人并没有说多少话，只是长时间默默地坐着。分手时他们四只手紧紧地握在一起，久久不放，他们都知道这次分手意味着什么。孙厅长流下了眼泪，老泪纵横。在回家的路上，父亲对姐姐说，生离死别，生离死别啊。

孙厅长去了灌南后没几个月就去世了，享年 67 岁。他没能看到"四人帮"粉碎和文革结束。

原文写于 10/16/2008　修改于 12/8/2021

3. 卢司长

上世纪 30 年代初，父亲在如皋师范读书，当时如师已有共产党的地下组织在活动。父亲跟我说起过他的一位学长卢树生。卢树生当年在学校里是一个学生领袖，非常活跃。1931 年"9.18"事变后卢树生曾率领如师学生在如皋城里进行抵制日货的活动。很多年后父亲才知道卢树生在如师时就是地下党员。后来卢树生改名为卢正义。

卢正义 1935 年在国民党的"苏州反省院"坐过牢，出狱后他去了延安。1945 年他从延安来到解放后的大连任市政府教育局局长，1955 年调到教育部任小学教育司司长，后来任教育部政治教育司司长。

文革前卢司长曾来我们家做客。那时家里平时人来客往很多，可是这次我印象特别深。父亲提前几天就告诉我们他的一个在北京教育部工作的老朋友要来我们家做客，叫保姆和我们把家里打扫得干干净净。那天卢司长来访，父亲领他到我们住的房间，让我们和他打招呼。印象中卢司长是一个瘦瘦矮矮很和蔼的老人。

文革中，卢司长成为一个风口浪尖上的人物，起因是卢司长1966年5月25日在教育部贴出的一张揭发批判教育部副部长的大字报。这张大字报与聂元梓的"全国第一张马列主义大字报"产生于同一天，这使得卢成为"响当当"的革命左派。在支卢的问题上，江青和陶铸曾发生激烈争辩，江青是坚决支持卢正义的。迫于江青的压力，陶铸去教育部讲了一次话，对卢正义的大字报表示支持（《陶铸落难—曾志回忆实录》）。

教育部的造反派分成"保卢"和"反卢"两派，争论的焦点是卢1935年在苏州反省院写的自首书。1967年2、3月间，这些造反派曾数次向与卢同时期关在苏州反省院的剧作家陈白尘外调了解情况，从这些人的态度上陈白尘说他能分辨出谁是"保卢"派，谁是"反卢"派（陈白尘《牛棚日记》）。

1967年3月16日中共中央发出《关于印发薄一波、刘澜涛、安子文、杨献珍等人自首叛变材料的批示》，这就是"61人叛徒集团案"。文件起草者把毛泽东早前对谭震林《关于农民运动情况报告》上的一段批示"党政军民学，工厂、农村、商业内部都混入了少数反革命分子、右派分子、变节分子。这次运动中，这些人大部分自己跳出来是大好事。应由革命群众认真查明，彻底批判"，斩头去尾，塞进了这份报告中，这使得《批示》后来成为各路造反派在全国上下到处"抓叛徒"的"尚方宝剑"。

其后不久，北京某高校一伙造反派窜来南京抓叛徒，他们找到我父亲了解卢司长的情况，他们不知从哪里听说我父亲曾与卢司长是如师同学。文革中的造反派外调有个特点，就是预设故事情节，带着鞋子找脚，下好套子让你钻，这些造反派也是这一套。说实话，我父亲对卢司长离开如师后的所作所为还真是不了解，他们后来没有联系，直到解放后因为是在一个系统工作才联系上。那天，那些造反派没有得到他们想要的东西，很不高兴，骂骂咧咧地走了，临走前他们在父亲工作的单位教育厅的墙上贴满了大字报，说我父亲"包庇叛徒"。

不久，在南京街头一些大字报上的叛徒名单中出现了我父亲的名字，说他在30年代中做过叛徒。这件事曾在我们家引起很大震动。有一天晚上，我们家里人兵分三路，去街上看"抓叛徒"大字报。街上大字报中的叛徒名单有几个不同的版本，向我父亲外调的那伙人所在的那个高校大字报上的叛徒名单中，我父亲赫然在列。

父亲一下就猜到就是那几个来外调的家伙搞的鬼，对此父亲又好气又好笑，他30年代中在老家乡下做小学校长，根本就没有参加共产党，怎么可能去做叛徒，栽赃诬陷也要有点影子，不是这么个搞法。机关里的造反派那时正到处收集我父亲的材料，罗织罪名，但这件事过于离谱，造反派也做不出什么文章。

其实，对30年代各地"反省院"里共产党员写自首书、悔过书的问题，历次审干、肃反中已有结论。对此，陈白尘当时写道："为了薄一波等人一案，竟对过去所有已做过的结论全部推翻，这就不知将伊于胡底了！难道过去审干、肃反的结论都一律不算数么？思之惘然。"（陈白尘《牛棚日记》）

退一步说，至于写了自首书、悔过书的党员算不算是"叛徒"，这是共产党的"家事"。犯了"家规"自可按"家法"惩治，完全用不着大张旗鼓推向社会。很明显，"抓叛徒"一案成为文革党内对立两派中的一派打击另一派的工具。

1968年，卢在保卢派的安排下逃出北京，后来下落不明。1970年，公安部发出通缉令，通缉两年前神秘失踪的卢正义，也没有结果。"卢正义失踪案"成为文革的一个悬案。

关于卢正义的失踪，有几种说法：

"前面提到的教育部贴第二张造反大字报的人卢正义，江苏南通人，当时任中学司副司长，在文革初期很活跃，我看到一个灰白头发的矮个小老头儿，约摸50来岁，在院子里与人辩论，是教育部文革造反派的风云人物，待到红卫兵公布60多人的叛徒名单，全国兴起抓叛徒的高潮，我们这一派就枪打出头鸟，从干部档案中了解到他曾坐过国民党的监狱，到各地调查他的材料，其中主要是在江苏反省院的档案中，查到一份卢的自白书，把它公之于众要揪斗他，卢在部内藏身不得,就由本派两名青年保护逃往外地,就像侦探小说一样,这一派就派人跟踪追逐,这样在外藏匿了相当一段时间,最后我们跟踪的人在南京轮船码头看到他的身影,知道他上了开往武汉的轮船,无法追上他。

就在这艘船上,第二天一早护送他的人发现卢不见了,从此卢正义失踪。据护送他的两位青年回忆说,当晚卢的情绪尚好,无要自杀迹象,那么人到哪里去了?至今是个不解之谜。据一份材料讲,卢被捕以前,从上海逃出来是在张春桥家里过的夜,卢与张有较密切的关系,张春桥是否有类似的历史问题,怕牵连出来而采取灭口的办法,这仅是文革以后的一种猜测而已。"(阳溯《文革杂忆:卢正义失踪之谜》)

"'文革'开始后,灾难落到他(卢正义)的头上。由于他年轻时从事革命活动,曾被国民党逮捕坐过监狱,虽早已做过结论,但造反派揪住不放,强加上'叛徒'罪名,后被另一派群众放走后,造反派发出'通缉令'四处追拿他。'文革'后期得知他在长江航行时投江身亡(据当时航行日志记载),但另一派经调查认为是被造反派陷害推入江中的。"(刘道新《文革回忆录:被迫自戕的我的七位老上级》)

网上更有一种说法,说是卢正义后来逃亡海外。

现在回头看卢司长在文革中的遭遇,我的感觉就是两个字"折腾"。

前一阵,总书记在某大会上提出一个"不折腾"说法,此言一出,据说民间佳评如潮。虽然总书记没有明示他所说的"折腾"是指什么,我想理应包括"文革"这个大折腾。卢司长在文革中的遭遇就是文革这一大折腾中的无数折腾之一。不知道总书记的"不折腾"是不是包含了对这个大折腾的忏悔之意。

不管怎么说吧,知道中国不能折腾,经不起折腾,可算是一个巨大的进步了。

原文写于 1/13/2009 修改于 12/8/2021

4. 刘老师

　　1963年暑假里的一天，天很热，我打着赤膊穿一条小裤衩在院子里玩。一个大姐姐模样的人向我们家方向走来。她身穿一件浅色碎花连衣裙，扎两根长辫子，戴一副淡色框架眼镜，显得文静秀气。她向我打听我们家住在哪，说她是新到我们班的老师，今天是来家访的。赤膊站在这么一个年轻的女老师面前我还真不好意思，赶紧跑回家穿衣服。新老师看出了我的窘迫，微微笑着。她就是后来做了我们三年班主任的刘老师，那年她19岁，刚从南京晓庄师范毕业。

　　地处南京北郊吉祥庵的晓庄师范是一所以培养小学教师为主的中级师范学校，晓庄师范于1927年3月由人民教育家陶行知先生创办，陶先生亲任校长。晓庄师范还是一所具有革命传统的学校，内战期间学校有十位烈士牺牲在南京雨花台。一般认为晓庄师范毕业的学生素质好，质量高，是南京各小学的教师骨干。

　　除了当班主任外刘老师还教我们语文和算术。一开始同学们并没有把这位年轻的老师放在眼里，上课吵吵闹闹的。有一次上课大家吵着吵着忽然发现没了老师的声音，一眼望去刘老师站在讲台后面静静地看着大家，课堂上一下安静下来。刘老师说："你们讲够了吧，好，我们继续上课。"就这样，真把大家镇住了。几次下来课堂纪律就好起来了。刘老师在讲语文课时经常会脱离课本讲一些小故事，她讲得最多的是古人怎么刻苦学习的故事，如"头悬梁锥刺股""凿壁偷光""囊萤照读"等等。

　　刘老师最推崇的一本书是吴天石与马莹伯合写的《谈谈我国古代学者的学习精神和学习方法》，吴天石当时是江苏省委宣传部副部长兼教育厅厅长。这本书在后来的文革中成为吴的罪状之一。刘老师很爱户外活动，她经常组织我们爬山郊游。我们不知多少次爬上北极阁、九华山和紫金山。爬上紫金山回首眺望南京城，至今回想起来仍觉得心旷神怡。爬山活动强健了我们的体魄，也增加了我们对家乡的热爱。我当时是班干部，和刘老师接触较多。刘老师对班干部要求最多的就是让我们要能"忍辱负重"。

1966年5、6月里全国开始揭批"三家村",这是文化大革命的前奏。同学们开始认为刘老师讲的那么多古人如何学习的故事是在向我们灌输"封资修"思想。刘老师的威信大大下降,课堂纪律变得很差。6月的一天,我们去乡下学农,有些调皮的同学摘来一把把苍耳子扔在刘老师的头上。这苍耳子毛刺刺地粘在头发上很难清理,刘老师只好把头发散落下来,一颗颗清除这些苍耳子。同学就在一旁起哄。

我不知当时是出自什么心理也跟着扔苍耳子,起哄。刘老师刚把苍耳子清完,头发扎好,一大把苍耳子又扔了上去,她只好又把头发散落下来清除苍耳子。刘老师当时很平静,没有激动,没有愤怒,只是一遍遍地说:"你们为什么要这样?你们不能这样。"我忽然注意到刘老师其实长得很漂亮,沾满苍耳子的头发散落下来半遮着脸,平静又美丽,这一形象在我脑海里存了很多年很多年。

1977年,暴风雨终于过去了,高考制度恢复了,我考上了大学。在这混乱的十多年里我能坚持学习,这得益于文革前五年里在小学所受的教育,特别是刘老师担任班主任的三年中。我当时想做的第一件事就是找到刘老师把这一喜讯告诉她,感谢她对我的培养,并为我当年的无礼行为向她道歉。

刘老师早已离开了我上的那所小学。我辗转打听到刘老师和一个新联机械厂的技术员结了婚,调去新联厂的子弟小学教书。我抱着试试看的想法给刘老师去了一封信,没想到刘老师很快回了信。她听说我考上了大学并想去拜访她,非常高兴,她告诉我她的详细住址并约定了时间。

新联机械厂位于南京北郊吉祥庵,靠近晓庄师范,南京人称其为"924厂"。新联机械厂就是后来的"伯乐公司"。80年代军转民后,这里诞生过我国第一台家用空调和第一台双门电冰箱。当时新联机械厂周围很荒凉,宿舍区外是大片的农田。我按约定的时间去拜访刘老师。那是1978年春节刚过,地上的积雪还没全化,颇有寒意。

在吉祥庵车站下了车,我顺着田间小路去新联厂宿舍。远远地我看见一个留着短发的妇女站在一排宿舍前向这边张望,我感觉到这就是刘老师。我走向前，短发妇女上下打量着我，轻轻地叫了声我的名字然后不肯定地问："是你吗？"我连忙答应。这短发妇女正是刘老师。刘老师说："不敢认，不敢认了，我印象中你还是个小男孩。"

刘老师的脸上明显留下了岁月的痕迹，笑起来眼角上有几道深深的鱼尾纹。她领着我进了屋，她的爱人围着围裙正忙着，看见我他两手不停地在围裙上擦着，一副手足无措的样子，一看就是个厚道人。刘老师叫来她的一儿一女对他们说："这就是妈妈昨天跟你们说的那个自学考上大学的学生，你们可要向他学习呀。"真不愧是老师，随时随地对子女进行教育。两个孩子望着我笑笑，有点腼腆。

坐定下来我说明来意，"我今天是来向老师报喜、致谢和道歉的。"

"道歉？"刘老师不解地看着我。

"是啊。"我简短地提起那年学农时发生的事，刘老师还是一脸茫然。

"我觉得我们班的同学对我挺好的，不像有的班把老师斗得可厉害了。"刘老师岔开了话题。

原来压在我心上多年的这件事刘老师竟然一点印象也没有，也就是说她从来没在心里责怪过我。可这并没有使我有一丝欣慰，反而让我心里酸酸的，说不出是什么滋味。我愣愣地看着刘老师不知该说什么。

"你们那个班是我毕业工作后带的第一个班，和大家相处三年，印象非常深刻。我后来也带过很多班，大都没什么印象了。可就是你们这个班，每个同学我都记得清清楚楚，十年多了，我可一直没忘了你们啊。"说到这里刘老师的眼眶有些湿润。她接着说，"1963年我刚参加工作，有一股热情。那年夏天我差不多访问了所有班上同学的家庭，你们这些干部子女住在深门大院里，我一个院子一个院子敲开门访问。你还记得那年我去你们家家访的情景吗？"

"记得，记得。"我连连点头，眼前出现了那个穿着浅色碎花连衣裙扎两根长辫子的刘老师。

"你那时瘦瘦小小的，不像现在这么壮实。这么多年你能坚持学习，考上大学真是不简单，老师为你骄傲。"

我想再一次说谢谢，但说不出口。刘老师对我的教育培养，对我和其他同学们的惦念使我心怀感激，但这种感激之情不是说声谢谢就可以表达的。

说话间刘老师的爱人忙好了一大桌菜，还上了酒。吃饭时刘老师和她的爱人不断地往我碗里夹菜。饭后我们又聊了很多学校的往事，聊起班上一个个同学。很快到了要离开的时候了，刘老师和她的爱人要送我到车站，因为天太冷我执意不肯，在他们家屋前和他们握手告别。走了很远我回头看见刘老师和她的爱人仍站在他们的小屋前向我挥手，眼泪在我眼眶里打转，我不忍心再回头，径直走向公路边的汽车站。

后来我再没有和刘老师联系过，可我感觉刘老师一直在惦记着我，念叨着我。是啊，你说这人和人之间的感情是什么，不就是这份惦记，这份念叨吗？

一转眼这已是30多年前的事了。刘老师，你现在可好吗？你的家人和孩子们可好吗？

后记：2017年我回国拜访了刘老师和她爱人。早些时候刘老师也看到了我这篇文章，她把文章转给她的亲人和朋友们看，感触良多。

原文写于6/7/2008 修改于12/8/2021

5. 罗老师

罗老师是我们小学的体育、美术老师，兼任少先队大队辅导员。罗老师来自农村，他毕业于南京晓庄师范，是晓庄师范品学兼优的高才生。由于学习过于刻苦，他落下了神经衰弱的毛病，学校为了照顾他，没安排他教主课。

罗老师体格健壮，黑红黑红的脸上总是带着笑，给人一种朝气蓬勃积极向上的印象，用现在的话说就是一个阳光青年。罗老师田径球类方面的运动样样精通，特别是乒乓球打得特棒。他是当时我们一群男生心目中的榜样。我们上小学的那个年代正是中国乒乓球崛起称雄世界的年代，乒乓球运动在小学里很风行。操场的尽头砌了四张水泥球台，课间时总是排满了学生。全校只有一张木乒乓球台，一般在校级乒乓球比赛时才用，在木台上打上一场球是一件奢侈的事。

周日休息时罗老师往往会约上我们几个球打得好一些的同学，找一间大一点的教室，把课桌椅堆在旁边，架起木乒乓台，乒乓乒乓地打上半天。罗老师的乒乓球打得很好，特别是正手攻球十分凌厉，锐不可当。罗老师是一个十足的乒乓球迷，他对当时的乒乓球运动员们以及各人的球技和战术特点都十分熟悉。庄则栋，李富荣不用说了，就连女队的李赫男，梁丽珍等队员他也能一套一套说上半天，一点不亚于当今年轻人对 NBA 的痴迷程度。

罗老师还向我们特别推荐乒乓名将徐寅生写的一篇文章《关于如何打乒乓球—徐寅生 1964 年对中国女子乒乓球运动员的讲话》。在这篇文章中徐寅生谈了如何用辩证唯物主义指导打乒乓球，人民日报 1965 年 1 月 17 日全文登载了这篇文章。

罗老师的粉笔黑板画堪称一绝。一支粉笔拿在他手上，寥寥数笔，一个个栩栩如生的人物或动物形象就出现在黑板上。他给我们上图画课，我们都想把他的绝活尽快学到手。可罗老师给我们上的第一堂课愣是什么也不让画，尽让我们画各种各样的线条。他给我们解释说，再复杂的画都是由一些基本线条构成，把各种各样的线条画好，把基本功打好，画图就不难了。按照罗老师的方法，我们果然有收获有进步。

罗老师来自农村，家境贫寒。他住在学校堆放体育用品的仓库的外间里，小屋仅有五、六平米只够放一张床和一张写字台。就这样还算是学校照顾他的，因为全校只有罗老师住着由学校"分配"的"宿舍"。

我当时是少先队大队委员，俗称"三条杠"，所以和担任少先队大队辅导员的罗老师比较接近。有一年暑假里的一天，罗老师说要请我去看电影，我很高兴跟着他去了曙光电影院。曙光电影院是南京市的第一家宽银幕电影院，设备条件很好，但暑期中老电影对老师和学生也就五分钱一张票。那天人比较多，售票处前挤满了人。罗老师挤进人群不一会又匆匆挤出来，他满脸是汗，有点不好意思地对我说："算了，我们还是别看了，回去吧。"

我不明白怎么回事，奇怪地看着他。罗老师嘴里嘟囔着："太贵了，算了。"我看了看票价牌，两角五一张票，那天不卖学生票。我当时并不明白这两角钱的差价对罗老师意味着什么，既然他说不看了，那我们就回去吧。他看我白跑一趟有点过意不去，在路边买了一根三分钱的冰棒一定要我吃。后来我知道那时一般一天的菜金也就是两、三角钱，看一场电影要花掉一、两天的菜钱，是贵了一些。

文革开始后我们荒废在家，很少去学校。听说罗老师起来造反，后来又进了领导班子当上了革委会副主任，相当于学校的副校长。1970年的一天，我在放学的路上看见了罗老师带了一队小学生，我当时已进了中学。罗老师没什么变化，仍然是一副朝气蓬勃的样子，黑红黑红的脸上带着笑。我向走近了的罗老师打了个招呼，他稍稍迟疑了一下很快认出了我。他拍拍我的肩膀说："哟，长高了，认不出来了。"说完随着队伍匆匆而去。没想到这竟是我最后一次见到罗老师。几年后我从一个小学同学那里听说罗老师自杀了。

我的这个小学同学分配在我们小学的一个邻校工作，因为同属一个系统，所以他对罗老师的情况比较了解。1970、1971年时，罗老师在"深挖五.一六"运动中被打成了"五.一六"，关在他住的那间小屋里，失去了自由。南京的"深挖五.一六"运动是当时主政江苏的许司令的"两挖"杰作之一，另一挖为"挖煤"。许司令在文革初期就有"好人不造反，造反无好人"的名言。

在"深挖五.一六"运动中，文革初期的"造反派"几乎都被打成了"五.一六份子"，运动还莫名其妙地扩大到许多无辜百姓的头上，南京当时有顺口溜"五.一六，家家有，不是亲，就是友。"罗老师被关押审查了半年多，工宣队军宣队实在查不出他的什么罪行，决定"解放"罗老师。1971年的某天中午,工宣队军宣队的代表找罗老师谈话说是下午开大会要他参加,他们没有对罗老师说开会的内容。罗老师不知底细,以为大祸临头,用一根跳绳把自己勒死在床前。

罗老师的死令人嘘唏不已。是什么样的压力使他选择了这条绝路?或许他当时已精神崩溃?如果他能再坚持一下,如果有谁事先给他报个信,如果…,可这些都是"如果",悲剧还是发生了。罗老师去世时不到30岁。我在网上查了一下,没查到南京在"深挖五.一六"运动中被整死的人数,我估计在数百人以致上千人,罗老师是其中的一个。

在我的这个系列故事里我一般不写人的真名,可对罗老师我决定要写出他的真名。

罗老师的名字是罗伟来。

原文写于6/14/2008 修改于12/10/2021

6. 老阿姨

老阿姨是我们家的保姆,在我们家做了七年。

老阿姨是扬州人,50年代里她在当时扬州地委的高书记家做保姆,后来高书记调省里任统战部部长,老阿姨随高家搬来南京。老阿姨大概是在1964年时来我们家的,我还能记得她来我们家的那天。老阿姨属虎,那年正好50,看上去是一副农村老大妈的模样。她瘦瘦小小的,脑后缠着一个"巴巴髻",手上挽着一个篮底白花布包袱。她年纪比我们家前一个保姆大不少,所以我们就叫她"老阿姨"。

老阿姨一字不识,但很有生活阅历。她经常挂在嘴边的一句话就是,"你们不要看我不识字,但我识事。"应了《红楼梦》里的那两句"世事洞明皆学问,人情练达即文章。"

老阿姨关于日常生活的警言俗语一套一套的，张口就来。说起精打细算勤俭持家，她会说，"吃不穷，穿不穷，算计不到一世穷。"说起平日花销储蓄借贷，她会说，"穷不该债，冷不刮风。"说起儿童培养因人施教，她会说，"一龙生九子，各是各模样。"还有什么"早起三光，晚起三慌。"，"新三年，旧三年，缝缝补补又三年。"等等等等。这些话当时听了没觉得怎么样，可后来我成了家独立门户后，才有了深刻体会。即使眼下在美国，这些话对日常生活还是有指导意义的。比如说，美国人民要是有一点"穷不该债，冷不刮风"的意识的话，那也不至于轻易被华尔街的那些精英们忽悠上，弄出个"次贷危机"搞得全世界鸡犬不宁。

文革开始后，机关大院的保姆们也搞起了串联，成立了革命造反组织。你可不要小看了这些大部分是农村出来目不识丁的老大妈们，她们把个组织搞得像模像样，学习活动也开展得红红火火。她们每人发了一本小红书，要求能背下其中的若干条。这有一定的难度，可老阿姨自有办法，她会把伟大领袖的语录演化成"老阿姨版"。

比如，"革命不是请客吃饭，不是做文章，不是绘画绣花，…"到了老阿姨那里就成了"革命不是请客吃饭，不是做文章，不是描花绣朵，…"。过了没多久，老阿姨还真背下不少，虽然结结巴巴怪腔怪调，但也表达了对伟大领袖的一片忠心。我印象最深的是那段"人民，只有人民，才是创造世界历史的动力。"这段语录老阿姨背得最熟，她用扬州话抑扬顿挫地一朗读变成了"Len2 民，自有 Len2 民，才四 Cuang4 造四界历死滴动力"。我们觉得很好笑，可老阿姨一本正经，一脸虔诚。

和社会上的革命造反组织热衷打派仗一样，保姆造反组织也分成两派。有一天老阿姨从外面回来，脸红红的，很激动的样子。一问才知道，她是刚打完派仗回来，而且是打了个胜仗。那天和她们对立的那个保姆造反组织在一个礼堂开会，她们这边造反组织的司令平大妈带领她们去冲会场。她们十几个保姆手挥红宝书冲上讲台读语录喊口号，硬是把对方的会给搅黄了。我们都搞不明白，老阿姨哪来这么大的革命干劲。

老阿姨在外面闹归在外面闹，处理事情自有她的原则，有她的道德底线。有一次我们家来了几个不知是哪个山头的造反派，神神秘秘地把老阿姨叫进一间房间，还把门反锁上。房间里吵闹声训斥声时大时小，我们不知发生了什么事。大约过了两、三个小时，这伙人开门出来，怒气冲冲地走了。向老阿姨一了解才知这伙人是来收集整高部长的材料的。老阿姨在高部长家时，高家还用了另一个保姆，这个保姆因为有精神上的毛病自杀了。这伙人那天来的目的就是要老阿姨作证是高家逼死了那个保姆。不管这伙人怎么威胁恐吓，老阿姨坚持说那个保姆的死是她自己的原因，与高家无关。我们问老阿姨怕不怕，老阿姨说，我说的句句是实话，坐得端，行得正，没什么好怕的。

老阿姨在外面忙归在外面忙，家里的该干的活一点没耽误，抓革命时没忘促生产。文革开始后，我父母都受到冲击，他们自顾不暇，根本没时间没精力来处理家里的各项事务。我们年纪尚小，一时间老阿姨成了我们家的主心骨。有一次姐姐和弟弟围着桌子打闹，不小心把桌上一尊伟大领袖的石膏像碰翻在地，摔成好几段，他们当时吓傻了。

老阿姨闻声赶来，面对发生的这一切，她十分镇静。老阿姨找来一张报纸和一把榔头，让弟弟把门关上，又让姐姐把窗帘拉上。老阿姨用报纸把摔断了的石膏像包起来，又用榔头轻轻地在报纸包外敲击，活生生地把个伟大领袖敲成一包石膏碎片。他们又到了厨房，老阿姨让姐姐和弟弟放风，她放了满满一水池水，把石膏碎片倒进水池一顿搅和，石膏碎片化成一池石膏水。老阿姨把石膏水放掉，清洗完水池，反复叮嘱姐姐和弟弟千万不能对任何人说这件事（据我姐姐和弟弟的回忆，这包石膏碎片是从厕所的抽水马桶里冲走的）。她说，如果要让他们（机关的造反派们）知道了，他们会整死你们的爸爸的。后来谁也没再提起过这事。

1968年时我父亲背上生了一个痈，俗话叫作"搭背"。这个搭背发展得十分迅速，两个多星期就发展到整个背部，又红又肿，上面还生出几十个脓头。他一直是在省级机关的指定医院江苏医院看的，病情一点没控制住。到了这个份上,医生也没什么办法了,只有开刀放脓。父母都比较老实,遇到这事也不知该怎么办,只好遵医嘱。

老阿姨对西医治痈一直持怀疑态度。那天妈妈、老阿姨陪我父亲去医院动手术。在等待手术时老阿姨听一个病人说省中医院治搭背有办法,不用开刀。老阿姨当机立断说服我父亲放弃手术,赶紧上省中医院。他们急急忙忙赶到省中医院,省中医院的医生见病情严重,当即把我父亲收下住院。省中医院的主要疗法就是用中草药调制的药膏敷在背上。约一个月,父亲的搭背全部治愈,只留下一个硬币大小的疤痕。多亏了老阿姨,要不父亲还不知要多吃多少苦。

文革中有一段时间,父母去了干校,大姐分配工作去了徐州,另外两个姐姐插队下了乡,我和弟弟去农村学农,一家人分了八处,只有老阿姨留在南京看家。

老阿姨有三儿一女,都来我们家住过,和我们家人都很熟。

1971年时老阿姨明显衰老了,做事也比较吃力。她家儿子不放心,把她接回扬州老家去了。离开我们家的那天她还像来的那天一样,脑后缠着一个"巴巴髻",手上挽着一个篮底白花布包袱。她一步三回头,依依不舍和我们家人告别。

现在想起来真是很感激老阿姨,是她帮助我们度过了我们家文革中那一段最艰难的日子。

原文写于 10/9/2008 修改于 12/10/2021

7. 叶教练

2008奥运会上,乒乓球是我看得最多的比赛之一。男女四分之一决赛以后的比赛我几乎都看了,特别是张怡宁参加的比赛我一场不落。原因有三:其一,从儿时起我就很喜欢这项运动;其二,张怡宁不愧为女乒一姐,球打得实在是好,观赏性很强;其三,我们家和这位女单新科奥运冠军还有那么点关系。这么说吧，我姨夫的侄儿是这位世界冠军的教练，我姨夫的嫂子，也就是本故事的主角叶教练，是这位世界冠军的师奶奶。我嘛，拐弯抹角算得上是这位世界冠军的表师伯。真的，我可一点没忽悠您。

大概是1962年的春节，我在北京石油学院毕业留校的姨妈带着她的新婚夫婿去老家泰州探亲，他们在南京中转，在我家住了几天。大人们谈话时我听了一耳朵，听说我这位李姓姨夫的哥哥是解放军八一体工队的体操教练，而他嫂子叶阿姨是乒乓球国家队的教练。叶教练参加过24（1957年）、25（1959年）和26（1961年）三届世界乒乓球锦标赛，24、25届世锦赛上和孙梅英、邱钟惠一起夺得过女子团体第三名。在26届世锦赛上，中国队取得了辉煌的成绩，参赛的运动员都是人们心目中的英雄。

1975年的春夏之交，乒乓界在南京举行了一个重大的活动。我不记得是全国性的集训还是比赛，总之，全国各省的球队，乒坛各路顶尖高手齐集南京。这些高手中有梁戈亮，陆元盛，张立，葛新爱等等。叶教练作为北京队的教练参加了这一活动。

这个活动对不关心乒乓球运动的人来说不算是什么事，可对我们这些乒乓爱好者绝对是个不可错过的机会。我们院里朱厅长的儿子毛头是个超级乒乓迷，他从他插队的淮安特地赶回南京看球。我当时在一家化工厂做电工，我每天都要求值夜班，白天好去看球。那十几天里我们几乎每天都要在中山东路体育馆里泡上好几个小时。

我是从各队的运动员教练员名单上知道叶教练也来参加了这个活动。我向父亲提出邀请叶教练来我家做客，父亲爽快答应并指示，"一定要把接待工作做好"。那时父亲已从干校搬回，赋闲在家。文革期间亲戚朋友走动很少，家里比文革前冷清多了。叶教练是见过世面的人，她既是稀客，更是贵客。我把这事告诉了毛头，毛头也跟着高兴激动了几天。

我们一家为接待叶教练做了充分准备。我们当时的住房很破旧，屋内的陈设也很简陋。可我们把房间扫得干干净净，收拾得整整齐齐。父亲决定亲自下厨房显露一手。父亲的厨艺还是参加革命前在苏北农村任小学校长时跟一个做饭的工友学的。从干校回来后,父亲闲在家里,厨艺恢复到相当高的水准。

那是一个星期天,天气很好。我一早就去乒乓球运动员们的驻地把叶教练领来我家。叶教练个子不高,偏瘦,人看上去很精干,说一口广东普通话。那年她还不满40岁。这是我仅有的一次与国家乒乓球队的距离如此之近。我们对国家乒乓球队的一切都很好奇,问了很多问题。那天叶教练是主角,几个小时里我们基本上都是在听她说。

叶教练在广州长大,十来岁时她乒乓球就打得很好了。她14岁那年成为广州最年轻的女子单打冠军。在贺元帅的关怀下,她参军到当时的西南军区打球。1957年,20岁的叶教练进入国家队,与容国团、邱钟惠等成为新中国第一代乒乓球运动的国家选手。当时庄则栋还在北京青年队。叶教练长庄则栋三岁,但提到庄则栋时她开口闭口"小庄小庄"的,像个老大姐。

当时的党和国家领导人对乒乓球运动十分重视,叶教练告诉我们她曾五次见到过周总理,她还和队友们一起去中南海为党和国家领导人表演球技,和领导人们合影。我在瞎琢磨,如果现在的党和国家领导人们愿在百忙之中抽点时间来关心关心足球运动,说不定也能把个国足搞强盛起来,满世界地风光上几十年。叶教练多次提到庄则栋,她对庄则栋的评价颇高,说庄则栋球打得好,为人也很好。"不过小庄现在不用打球了,做部长了嘛。"叶教练调侃道。庄则栋在1975年1月召开的四届人大上被任命为国家体委主任,他为此付出了沉痛的代价,这都是后话了。

那天我们问了很多,叶教练也谈了很多,但大部分内容我都记不清了。哦,对了,叶教练对我父亲的厨艺大加赞赏十分满意,那天她兴致很高还喝了点红酒。

1981年暑假我和女朋友去北京旅游,我北京的舅舅领我们去叶教练家拜访。那天很不凑巧,叶教练和他的爱人李教练都不在家,他们的儿子,后来北京乒乓球队的小李教练也不在,只有他们的女儿在家。李小妹妹当时十二三岁,十分活泼开朗。她对我在大学的学习生活很感兴趣,问了很多问题,就像当年我刨根问底问她妈妈中国乒乓球队的问题一样。李小妹妹当时已经练了好几年乒乓球，打得相当不错了。后来在第40（1989年）和41（1991年）届世锦赛上，李小妹妹和另一位选手一起获得女子双打铜牌。再后来李小妹妹东渡日本去那里发展，改名为羽佳纯子。

我后来知道，叶教练家的这位李教练十分了得，他是中国第一位体操世界冠军马艳红的教练。她的儿子小李教练更是了得，十年磨一剑，培养出了张怡宁这位叱咤风云的世界乒坛一姐。可惜我当时没见着这两位李教练。

那天视频转播张怡宁和王楠在本届奥运会上争夺冠亚军的决赛打完后，我把女儿叫来。我们一起观看了发奖仪式，看到三面五星红旗同时在北大体育馆里冉冉升起。我告诉女儿她和这位世界冠军姐姐之间的复杂关系。女儿听了认真地问，"那以后我们回国探亲如果去北京的话，你可不可以带我去见见这位我爸爸的妈妈的妹妹的先生的哥哥的儿子培养出来的世界冠军姐姐？""会的，一定会的。"我认真地回答。

原文写于10/2/2008 修改于12/10/2021

8．孙家小四

小四是江苏省教育厅孙厅长的第四个儿子，生得风流倜傥，玉树临风。

小四当过兵，他在部队里得了肺结核，复原后身体不好，去了江苏省苏昆剧团临时帮忙。小四只念过高中，但颇有文才，在苏昆剧团做编剧工作。

小四喜欢摄影，经常提着个相机拍这拍那。同院王厅长家的女儿小六子出落得清新靓丽人见人爱，小四给她照片拍了一张又一张，没完没了。

小四找女朋友很有一套。文革后不久，小四带回一个女朋友。这女孩长得那叫一个水灵，画上的人儿似的。小四的女朋友叫小俞，苏州人，当时还不到20岁，她是苏昆剧团学员班的头牌花旦。小四对小俞呵护有加，来一句俗套的，顶在头上怕晒了，含在嘴里怕化了。

小四广结善缘，朋友一大帮。他有一个省话剧团的帅哥朋友小吕经常来玩。小吕当时在参加话剧《豹子湾战斗》的演出。这是一部以陕甘宁边区大生产运动为背景的话剧，当时演得很火。可惜小吕在整场话剧中只有一句台词，"这石头怎么这么硬啊？"小四的侄儿阿毛调侃他说，像你这个角色我也能演，说这句台词谁不会啊。小吕其实是个很不错的演员，他有几次晚上把阿毛和我们几个招在一起，关上灯，用手电从下巴下面照上来，一副恐怖狰狞的面目，绘声绘色地给我们讲鬼故事，把我们吓得够呛。小吕的女朋友小顾是上海舞蹈学校的芭蕾舞演员，文革前曾是《白毛女》中喜儿的A角。文革初期小顾卷入上海"炮打张军师"的运动，因而失去了在舞台上演出的机会。小顾很大方，她随小吕来孙家做客，主人让她表演一段舞蹈，她鞋袜一脱立马来上一段。

小四积极投入文革，且灵活善变。文革初期小四改名为"孙继红"，参加了文艺界的"红总"，一副"老子英雄儿好汉"的架势。造反派们在五台山体育场召开革命造反誓师大会，小四臂带红袖章代表省文艺界的造反派上台发言，声称"我们无产阶级革命后代应当如何如何…"后来不知为什么小四退出"红总"加入了"8.27"（"红总"的对头），最后小四成为省"促联"的常委。"促联"是江苏文革舞台上的第三种势力，其宗旨是"促进革命大联合"。

小四在外面又革命又造反瞎折腾，但在家里基本上算是一个住家过日子的好男人。小四小俞结婚后，衣服都是小四洗。每到周末小四围裙一扎，一洗一大盆，一晾一条绳。

小四有了儿子，那是在1969年初。他儿子名叫"莽阅"，取之于毛诗"横空出世莽昆仑，阅尽人间春色。"小莽阅还有一个小名叫"斗斗"，因为那年头到处都在搞阶级斗争，他爷爷在挨斗，爸爸也在单位"清理阶级队伍"运动中挨斗。始于1968年的"清理阶级队伍"运动据说全国 3,000 万人被斗，50 万人死亡（见丁抒《文革中的"清理阶级队伍"运动》）。当然这个数字的精确性有待考证，但众多的平头百姓沦为俎上鱼肉却是不争的事实。小俞坐月子时孙家很挤没法住，她带着孩子和来照顾她的外婆一起在我们家住了几个月。那几个月里，我一直没看见小四。

小四是个才子，会唱歌，通诗文。有一次他在我们家书架上翻来翻去，翻出一本《外国名歌二百首》，小四如获至宝。这是一本非常有名的歌曲集，因为它是一株大"毒草"。早在文革前，1964 年 5 月 8 日中央宣传部在《中共中央宣传部关于全国文联和各协会整风情况的报告》中就指出，"音乐出版社出版了宣扬资产阶级思想感情的《外国名歌二百首》，发行了 70 多万册，在广大青年学生中造成很坏的影响。"

伟大领袖对报告作出批示，"这些协会和他们所掌握的刊物的大多数（据说有少数几个好的），15 年来，基本上（不是一切人）不执行党的政策，做官当老爷，不去接近工农兵，不去反映社会主义的革命和建设。最近几年，竟然跌到了修正主义的边缘。如不认真改造，势必在将来的某一天，要变成像匈牙利裴多菲俱乐部那样的团体。"这就是著名的史称"两个批示"中的一个。

小四翻看着歌曲集，边翻边哼，很多歌他都会唱。翻到其中一首时，他停住了，这首歌是《莫斯科郊外的夜晚》。小四给我们介绍说，这是一首第六届世界青年联欢节获奖歌曲，旋律十分优美。说着，他手在腿上拍着打拍子唱起了这首歌。我听着感觉旋律是很优美，但歌词中的像什么"我的心上人坐在我身旁"跟当时的环境实在是格格不入，有点"黄"。这是我第一次接触《莫斯科郊外的夜晚》。

小四还在书架上翻到一本唐诗宋词之类的书，他饶有兴趣地读起来，边读边跟我解释，一气解释了十几首。我印象最深的是李商隐那首《夜雨寄北》，"君问归期未有期，巴山夜雨涨秋池。何当共剪西窗烛，却话巴山夜雨时。"小四说这首诗中那个"涨"字用得最好，无论换成"漫"或"溢"或另外什么字都不如"涨"字传神，这个字算是用绝了。我顺着他的思路一琢磨一品味，还真的是那么回事。

小四下放去了灌南老家。文革中苏昆剧团被解散了，说是苏昆剧软绵绵的只能演才子佳人戏，不能表现工农兵的光辉形象。小四是和小俞一起下乡的。在这段时间里，他们的生活发生重大变故，他们分手了。我不知道他们之间发生了什么，那位美丽的画中人从此渺无音讯，不知飘落何方。

小四对儿子宠爱有加。小四和小俞分手后，儿子判给了小四。小四从农村回城后，成天带着个儿子。小四很惯儿子，可能是他觉得孩子这么小就不能和妈妈生活在一起，有点愧疚吧。夏天出门，小四总是兜揣两瓶汽水，儿子渴了就给他喝汽水，可他自己一口都不喝。

小四是个孝子。孙厅长生病后，求医问药都靠小四陪着。小四的大哥、二哥、三哥都在外地，一点都指望不上。

小四站错了队，跟错了人。他和省军管会的吴军代表关系密切。"四人帮"粉碎后，吴代表被抓。小四受到牵连，锒铛入狱。小四在狱中结核病复发，保外就医住进了结核病防治院。那是1978年，我刚考上大学入学后不久。有一天，我接到一封信，是小四寄给我的。信上说他在结核病防治院住院治疗，想听听新闻，需要一台半导体收音机。我给他弄了一台收音机，让我女朋友陪我一起去见他，想让我女朋友也认识认识这位人物。

我们在地处乌龙潭的结核病防治院的病房里见到了小四，小四已没有一点当年风流倜傥玉树临风的形象，目光呆痴无神，瘦瘦的脸上眼睛显得特别大，长长的头发蓬松凌乱。我女朋友感觉他像一个大烟鬼。小四对我解释说他没有问题，是有人要陷害他。他听说我上了大学，鼓励我要好好学习。我问起他的儿子斗斗，他的眼里闪过一丝光亮，说斗斗去了苏州他妈妈的老家，斗斗已开始学戏曲表演，他很喜欢这一行。小四说起儿子时一副欣慰的样子。我们那天在医院没呆多久，也没发现有谁在看管监视小四。

小四走了。在我们去医院看他的一年多后，小四病故在狱中，他去世时才40多岁。

孙家小四，生不逢时啊。

原文写于 10/23/2008 修改于 12/10/2021

9. 小俞（1）

文革初孙家小四把他的女朋友小俞带来的时候，着实把我们全院人们震了一把。这女孩长得那真叫个标致，不高不矮，不胖不瘦，怎么看怎么顺眼，怎么看怎么好看。她经常是穿一身军装，扎俩小辫儿，一脸灿烂的阳光，活脱脱一个《林海雪原》里的"小白鸽"。

小俞是省苏昆剧团的青年演员，团里的重点培养对象，戏演得很好。像《牡丹亭》《西厢记》这些戏她都是演主角杜丽娘崔莺莺。

江苏省苏昆剧团1956年在苏州成立。这一年昆剧演艺界发生一件大事，浙江的国风苏剧团在北京连演了46场昆剧《十五贯》，观众达七万人次。这次演出轰动全国，周恩来称之为"一出戏救活了一个剧种"。《人民日报》为此发表社论《从"一出戏救活了一个剧种"谈起》。正是在这种背景下，江苏省苏昆剧团应运而生。

1960年初，因满足江苏省省会南京的演出需要，在南京组建了另一个江苏省苏昆剧团，习惯上也叫江苏省苏昆剧团。小俞15岁进省戏曲学校昆剧班学艺，省戏曲学校的学制是四年，可三年后小俞就以优异的成绩从戏校毕业分进南京的省苏昆剧团。小俞属于昆剧界的"承"字辈演员，她艺名是俞承秋。

解放前昆剧界学艺的一批演员为传字辈，如《十五贯》中况钟的扮演者周传瑛和娄阿鼠的扮演者王传淞等。解放后的昆剧演员分为"继""承""宏""扬"四辈或四代。50年代学戏的一批演员为继字辈，代表人物是著名昆剧表演艺术家张继青。张继青原名张忆青，张继青是艺名，可这艺名叫得比原名响。50年代末到文革前的一批为承字辈，文革十年出现断层，从1977年到1998年这一批为宏字辈，1998年后的属扬字辈。从昆剧演员艺名或本名中间的一个字可以看出他（她）们的"辈份"。

小俞出生于戏剧世家，她妈妈和外婆都是苏州老一辈的越剧演员。小俞的妈妈在生下一个比小俞小十多岁的妹妹后不久就患病去世。我见过小俞的外婆和小妹妹。外婆有着旧时艺人的风度，为人和气，礼数周到。小妹妹长得十分漂亮，不亚于日前在奥运开幕式上演唱的那个红衣女孩。我记得大人们一见到她都会情不自禁地夸赞，"哟，这孩子长得真漂亮！"

小俞嫁给小四时正是文革中动荡不安的时期，那时孙家在我们院子里原先居住的1号楼被社会上的造反派占了，孙家搬进了我们2号楼。小四和小俞就住在三楼我们家原来堆放杂物的阁楼里。

小俞在文革中是个"逍遥派"（文革中对那些不积极投入者的别称），不像小四成天在外面瞎折腾。我有一个南师附中"老初二"的姐姐也是个逍遥派，我和弟弟文革后小学停课闹革命也逍遥在家。我们四个逍遥派经常在一起打牌，打40分、拱猪，有一阵日子过得挺逍遥。文革前上学用的练习本也拿来记分用，记了一本又一本。小俞生性自然随意，打牌从不记牌，不争输赢胜负，只求高兴快乐。

小俞结了婚，照理也算是个大人了，但她在和我们一起玩的时候就像个大孩子。有一次，我们住处对面的中央路小学里面有个什么毛泽东思想宣传队来演出，门把得很紧，没有票不让进。我们正着急，小俞说，别急，看我的。她站在学校的围墙边，后退几步，一个箭步噌地一下就上了围墙，然后一翻身就跳进了校园。到底是练过功的人，身手十分矫健。我们几个吭哧吭哧半天才翻过墙去，看了一场白戏。

小俞从小就过集体生活，不善做家务，但她做得一手好针线活。她高兴起来，上街买块布料，随手剪剪缝缝就能做出一件既合身又漂亮的衣服，连我们楼上朱家工于针线的保姆高阿姨都啧啧称奇。

小俞跟着小四日子过得提心吊胆担惊受怕的。1968年秋省文艺界开始"清理阶级队伍"，小四被抓起来了。有一天晚上来了一伙人，不由分说冲上楼要找小俞。这伙人砸开小俞住的房门，要把小俞抓走。小俞不在房间里，这伙人在房里搜了一通，抄了一些东西就走了。我们觉得很奇怪，小俞明明是在家的，怎么就不见了呢？

原来孙家的保姆见来者不善，给小俞报了信，小俞趁这伙人砸门的时候从阁楼的窗户爬上了房顶，在楼房顶上躲了一个多小时。当时小俞已有几个月的身孕，天黑气温低，万一有个闪失那可是两条人命啊。后来我们知道，小四关在单位里，趁人不注意逃走了。那天那伙人是想查到小四的下落,并把小俞抓去做人质。

1969年初,小俞的儿子出生。儿子大名叫"莽阅",小名叫"斗斗"。小俞坐月子时孙家很挤没法住,她带着孩子和来照顾她的外婆一起在我们家住了几个月。小俞手很巧,儿子的衣服很多都是她自己缝的。

1969年,在文革的"斗、批、改"阶段中,苏昆剧团被解散了,说是苏昆剧软绵绵的只能演才子佳人戏,不能表现工农兵的光辉形象。小俞随小四下放去了孙家的灌南老家。在乡下的这段时间里,他们的生活发生重大变故,他们分手了,我们都不知道他们之间发生了什么。小俞据说是一直留在了灌南,但从此渺无音讯。

在后来的很多年中,我们家人聚在一起谈起文革时,必定会谈到孙家,谈起小四、小俞、小斗斗。小俞后来的生活状况一直是一个谜团。

在写这个系列故事时我有个习惯,对重要的事件和人物我都会上网查询一番,力求表达准确。"遇事不清问谷歌"已是我写作以至生活的习惯。在写"孙家小四"时我居然查到了小俞的下落。

不知是哪一年小俞回到了苏州,回到了苏昆剧演艺界。2006年底,年过花甲的她和苏州一群退休演员一起自发编演了一出新创苏剧《碧螺女》。小俞一人身兼数职,担任总策划、编剧(执笔)、导演和剧中女主角。苏剧《碧螺女》的演出引起轰动,大获成功。我把这则消息传给我姐姐,我们唏嘘不已,感觉恍若隔世,怎么也无法把那位风姿绰约的画中人和一位老妇人联系起来。小俞这个尘封已久几乎快要从我们记忆中消失的名字居然又出现在一篇篇报道中。我们一向知道小俞戏演得很好,但不知道她还能当导演,还能执笔编剧,还能担任总策划。看来她后来的演艺之路走得很顺,我们衷心为她高兴。

在经过文革的暴风骤雨和商品经济大潮的冲刷后,小俞仍在苏昆剧演艺界从事着她的事业,并在退休后把这一事业推向高潮,成为领军人物,这应该说是一个奇迹。

在互联网上发出这篇文章就好像在茫茫大海里掷入一只漂流瓶，如果哪天小俞能在大洋彼岸发现这只漂流瓶，那就是另一个奇迹了。

我们可能不会再见到小俞，但我们会一直关注她的消息，祝她生活幸福，事业成功。

原文写于 11/6/2008 修改于 12/10/2021

10. 小俞（2）

我刚把上篇《那些年那些人那些事——小俞》写完，就在网上有了重大发现。

那天快下班了，忙了一天有点累，我漫不经心地浏览着网上的新闻。无意中鼠标碰击到谷歌的搜索框，框下弹出一个列表，上面是我最近搜索的关键字，俞老师（改口管小俞叫俞老师了）的名字就在上面。我选了俞老师的名字，然后在搜索结果中慢慢看着。结果中绝大多数是关于一个与俞老师同名的教授的消息，有关俞老师的消息零星夹杂其中，不小心就会漏掉。前几天我已仔细查询过，所以我没指望会发现什么新的消息，只是想打发掉这下班前的20来分钟。

忽然一条消息跳入我的眼帘，这是一张演出节目单，上面有俞老师的名字。这是今年五月份由苏州艾迪文化公司在苏州博物馆为苏博第四批志愿者授牌仪式组织的一场遗产文化专场演出。演出中俞老师和其他几位演员表演了昆曲"游园"和苏剧"康熙品茶"，这是昆曲《牡丹亭》和苏剧《碧螺女》的片段。这是有关俞老师最新的一条消息，前几次没看见这张节目单。节目单前还贴了十多张剧照，从演出曲目和演员着装来看，有几张很可能是俞老师，但我不敢肯定，因为照片上演员几乎没有一点"小俞"的影子。

这段消息登在苏州博物馆的网上论坛《苏博论坛》上，这是一个近期一直比较活跃的论坛。我忽然感到我一定可以通过论坛的版主联系上俞老师。我立即给版主 MoMo 发了一帖：

"我曾是俞老师文革时期她住在南京时的邻居，没想到在这里看到了她的消息，40 年了！

我现在定居美国，我很想知道照片中谁是俞老师，有没有办法跟她联系（电话，电邮）。我的电邮是 abc@xyz.com。

请版主务必把这条消息转给俞老师，拜托了，谢谢！"

做完了这一切，刚好差不多到了下班时间。回家后照例锅碗瓢勺炉前灶后一通忙，当我再坐到电脑旁时已是十点多钟了。我连上了《苏博论坛》，抱着一种侥幸心理想看看有没有回复。没想到 MoMo 版主真回了我一帖，"您好，联系方式发到您邮箱了。"我喜出望外，迫不及待地打开邮箱，打开 MoMo 的邮件。邮件的内容很简单，就是俞老师的两个电话号码，一个是手机的，一个是小灵通的。

我看着电话号码，愣住了。从我发帖到得到电话号码只有五个多小时，就是说我只用了五个多小时就让一个近 40 年没有音讯的老邻居变得近在咫尺，也就是说现在我只要拿起电话，按上十几个数字就可以和一个近 40 年没有音讯的老邻居通上话。太神奇了，太不可思议了！我拿起了电话，又放下了。说实话，这会儿电话打过去我都不知道该说什么，该从哪里说起，我也不能肯定俞老师是不是还记得 40 年前的那个邻家小男孩。时间已不早了，我想还是等到周末再打这个电话吧，我还可以理理思路看看应当说些什么。我的头脑是这么想的，可我的手还是不由自主地又一次拿起了电话，在惊喜和好奇心的驱使下按了那一串数字。几声铃响后，电话里传来一个妇女平静的声音，

"喂。"

"是俞老师吗？"

"是的呀，你哪一位？"软软的吴语，很好听。

"我是你的老邻居，南京的老邻居。"我有点语无伦次。

"南京？老邻居？"俞老师一头雾水。

"是的。文革中你在南京和小四住在孙厅长家时我们是邻居，某

某某是我父亲，你还记得吗？"我说话开始有条理了。

"记得，记得。你们家好像是有两个男孩。"

"是的，我是那个大的。"

"噢，我知道了。"俞老师停了一下然后问，"你找我有事吗？"瞧这话问的，我不知道该怎么回答。说没事吧，那没事你打电话来干什么；说有事吧，我自己都说不上有什么事。我一时语塞。我想还是慢慢说吧。

"我最近在写一些东西，写到文革中孙厅长和小四的事，我在网上查资料时看到了一些你的消息，比如说你们今年五月在苏州博物馆的演出。"

"演出？我们今年没有演出呀。"什么记性啊，《苏博论坛》上说得清清楚楚，有节目单还有剧照。我不能断定俞老师是真记不起来了，还是希望我快快结束这一唐突的访问。我没有放弃。

"我还看到 2006 年底你们演出了苏剧《碧螺女》，你担任了总策划、编剧、导演和女主角。"

"有这事，有这事。"回答很简短，似乎没有谈兴。我想此时俞老师也许是在进行"身份认证"，我只有说出一些很熟悉情况的人才知道的事，她方能确定"我就是我所说的我"。

"我记得你一直是在灌南的。你是什么时候回到苏州，回到苏昆剧演艺界的？"这段经历可不是什么人都知道的。

"退休以后。"算起来也有不少年了。

"从报道上看，《碧螺女》的演出很成功。"

"是的。退休回苏州后我很想做一些事。文革中耽误的时间太多了，跟我同时学艺的人有的得过梅花奖，好几个都是一级演员，可我什么都没有，什么都不是，可我想我能做一些事。这几年一直在做的就是救活苏剧，如果再不这样做可能苏剧就会在我们这代人手中失传。我碰到叶清江老人，他80多岁了，对这事比我还着急。我们一起合作创作了这出戏。我们没有经费，演出人员大都是退休演员或戏校的学员，大家都很支持，基本上是义务演出。演出非常成功。现在我们正在修改剧本，想找一些年轻的演员来演，把这出戏拍成电影，搬上银幕。这样一来就可以大大提高这出戏的影响。"俞老师显然是打开了话匣子,说起来滔滔不绝。

"当年昆剧《十五贯》大家称为'一出戏救活一个剧种',你们的这个《碧螺女》说不定也能救活苏剧。"

"也许吧,我们希望是这样。"回答得比较谨慎。

我又提起她们那场在苏州博物馆的演出,并希望能证实有一张照片上着粉色戏装的演员就是她。

"我刚才跟你说话时想起来我们五月份是在苏州博物馆演出过,那是一场规模很小的演出。你说的那张照片上着粉色戏装的演员就是我,那是在"游园"中扮演杜丽娘。怎么样,我这张剧照还行吧?"

"嗯,不错。但跟你年轻时的样子相差还是很大的。"话一出口,我有点后悔。

"那是肯定的。"俞老师并没在意。"你还记得我年轻时的样子吗?"

"记得。我记得你们家墙上挂了一张你小时候的相片,照得很好。"

"哟,你记性真好。那是我进戏校那年在三山街一家照相馆照的,他们把照片放在橱窗里展示,我就跟他们要了一张。我年轻的时候大家都说我看上去比同年龄的人要小不少,可我退休回到苏州时,大家都说我看上去比同年龄的人要老很多。在苏北的日子太苦了。"

"你的经历很坎坷,可以写一本书。"

"是啊。我是有这个想法,但目前在国内这是个禁忌题材,不方便写,写了也没处出。"我们的话题转向了文化大革命。

"我正在写你们家文革中的故事。我记得有一个情节,当时你们单位有一伙造反派来抓你,你从阁楼的窗户爬出去躲在楼顶上。"

"你还记得这事啊。我当时不是想躲出去,我是想从楼上跳下去的,我当时真是不想活了。"

"你当时是怀孕了吧,如果跳下去也许就是两条人命。"

"是这样,我当时真的是很绝望。那时孙厅长、我婆婆还有小四都被抓起来了，家里就剩我一个人，我甚至觉得全楼就剩我一个人了。三个单位的造反派轮番来我家抄家，逼我揭发我的公公、婆婆和小四他们三人，一天24小时不得安宁。那天我们单位的造反派来时，我实在是忍受不了了，只想一死了之。来的造反派里有一个人是我戏校的同学，他死死拉住我，那些造反派们怕惹祸，那天才没把我抓走。"没想到外表温和随意的俞老师有着如此刚烈的个性。"我的那个同学真是个好人。那么好的人后来却早早地得了癌症走了，可那些坏人却活得好好的。"

可咒的文革啊，它对人们心灵造成的创伤，它在民间造成的仇恨，40多年了仍未抚平。

"我后来生斗斗时难产，一个人躺在医院里，两边没有一个家人在身边，他们被抓的被抓，挨斗的挨斗。"俞老师停了一会儿，忽然想起什么，问，"你现在在哪里？"

"噢，忘了说了，我现在在美国，我来美快20年了。"我简短地介绍了我在美国的情况。

"是吗？我也有一些在美国的朋友。在纽约有个海外昆曲社，有几个票友每年夏天都回国跟我学昆剧。我刚才提到那位跟我合作创作《碧螺女》的叶清江老人，他的父亲是著名中医叶熙春，前一阵由他口述我执笔完成了一篇回忆文章《叶熙春上海行医20年》分两次在上海的一个杂志《上海滩》上连载。有人在跟我联系想把它改编成连续剧，连续剧中会有不少美国的外景。"看来俞老师还很忙。

"我知道你会演戏，但还不知道你还会写作写剧本，真是不简单。"

"这都是跟小四学的。小四是苏昆剧团的编剧，我经常看他编剧本，时间长了，潜移默化，就会写了。"口气中对小四仍有几分佩服。是啊，当年的小四要不是有两下子也不可能娶到如花似玉的小俞。

"你们斗斗呢，他现在在哪里？我听小四说过他也去学戏剧表演了。"

"斗斗在浙江戏校学的京剧，后来他嗓子坏了，唱不了京剧。现在他在浙江京剧团做灯光舞美，住在杭州。我退休后他让我去杭州，我不愿去。那里我一个人也不认识,什么事也做不了。我家斗斗长得可帅了。"

"一定的。他小时候我见过,那时他就是个小小帅哥。"电话里传来笑声,笑得很开心。

"你在美国这么多年了,回来过吗?"

"我回国探亲好几次。去年我回去过,明年打算再回去看看。"

"你回国的话,我去南京看你。"俞老师说话很爽快。

"好啊。前一阵我把你编演《碧螺女》的消息告诉过我姐姐,听到你的消息她们都很高兴。你来南京的话,大家就可以见见面了。"

"好的呀,好的呀。"软软的吴语,很好听。

说着话时间已经不早了,我们这里已是深夜。俞老师下午还要去一个录音棚看看《碧螺女》伴奏带的制作情况。我们在电话里道别,并说好保持联系。

挂了电话,我愣在那里。女儿家庭作业刚做完,转悠过来跟我说晚安。

"Daddy(老爸),讲了这么长的电话,谁呀?"

"一个老邻居,40年没联系,现在联系上了。"

"噢。"

"你好像一点也不惊奇嘛,听清楚了吗?40年没联系了。"

"我才13岁,对这'40年没联系'我实在没有 Sense(感觉)。"

"这么跟你说吧,比如你的好朋友,就说 Melissa 吧,你现在跟她断了联系,什么消息也没有,当你下一次跟她打电话时,你已经是一个50多岁的老太太了,你是什么感觉?"

"Wow, Terrible(哇,太可怕了)!"

2009年4月8日我在《文学城》博客里收到这样一个跟帖:"我是小夏,一年前向您笔下的'小俞'老师学昆曲的。俞老师不善使用电脑,让我转告您,她看到了您的文章,谢谢。"

我很欣慰,俞老师看到了我的"漂流瓶"。

下面一段是俞老师亲述她文革中的那段经历,(摘自 唐建光:

《寻访宋衡之先生的遗迹》）：

　　我在下放前有一次已经准备自杀了，怀着孕，走上楼顶了。那时候，公公是江苏省教育厅厅长被打倒，老公是现行反革命，婆婆是"漏网地主"（家庭出身是地主，其实根本靠不上），我是"封资修的宣传手"（昆曲属于帝王将相、封建文化残余，属于破四旧、要改造消灭之类），四个单位的造反派（他们三个人都已经被隔离，我因为怀孕要生产，住在外边，大庆路59号，是一座小洋楼）轮换批斗我，要我揭发，不让我睡觉。同时抄家，我的剧照全被烧掉了，堆在一起，当面烧。他们走后，我扒火堆，在火堆里有一张没烧掉，烤黄了。那是徐凌云老师给我排戏的照片。我挨批斗，受不了了，工资也停了，没法生活了。下面在抄家，我就爬到楼顶天窗上面，准备跳了。一个同学，跟大宋老师（宋选之先生）学昆曲小生的王津慈，平时和我配戏的文武小生，我是文武花旦，那时候两个宋老师都是按全才方向培养我们的，现在死了，不然活着肯定是宝贝。那张照片是徐老师教我们《连环计》，吕布是他，貂蝉是我。王津慈一把把我拉了进来。他说："俞承秋，你不能走这条路！"他来抄家是造反派逼来的，他的父母是香港的，成分不好。他说："我不是故意来斗你，我是被逼来的。我看你脸色不对，就留心了。留得青山在，不怕没柴烧。我还想以后跟你唱戏呢。"王津慈后来非常可惜，28岁就死了。一个原因是没有钱看病，一个原因是卫生常识不普及。开始总是"胃病""胃病"，结果动手术发现内脏全都烂了。

原文写于 11/13/2008 修改于 12/10/2021

六、历 史

1. 腹儿

腹儿是烈士的遗孤，是个遗腹子，这是"腹儿"这个名字的由来。腹儿的爸爸是我们苏北老家1930年那会儿闹红14军时牺牲的。

红14军1930年4月3日在如皋贲家巷成立，下辖两个大队，1300多人。何坤（湖南永兴人）任军长，李超时（江苏邳县人）任政委，张爱萍（四川达县人）任第二大队队长。13天后，也就是4月16日，何坤在攻打如皋老户庄的战斗中牺牲，时年32岁。何坤牺牲后李超时任军长兼政委。受李立三左倾路线的影响，红14军在"8.3"黄桥总暴动中失利，遭到重大损失。九、十月间，在国民党军队围剿下，红军主力部队被打散，红14军解体。李超时一年后在镇江被捕牺牲，年仅25岁。

腹儿的爸爸是地方干部，县委委员，区委书记，他组织地方上的赤卫队积极参加支持红14军大大小小的战斗。他在红14军失败后的白色恐怖中牺牲，留下了遗腹子腹儿。

"我们老家那个县当时前后有八位县委书记牺牲，他们每个人都有一个可歌可泣的故事。"这是我日前电话访谈我三叔时他告诉我的。我三叔今年81高龄，65年党龄，现在南通市居住。

那时腹儿家和我爷爷家住在一个庄上。腹儿的爸爸去世后，腹儿妈年纪轻轻就守了寡，后来一直没有再嫁，守寡终身。腹儿妈裹小脚，行动不方便，拉扯腹儿长大很不容易。

我们苏北老家地处海安、如皋和泰兴三县交界处，交通不便比较落后。父亲从如皋师范毕业后在离老家不远的一个小学当校长，他认为要改变家乡的落后状况必须从教育做起。腹儿就在父亲的小学里读书。

腹儿从小没有爸爸管着，很调皮，腹儿妈拿他没办法。但在我父亲的小学里腹儿很听话，守规矩。偶尔碰上腹儿调皮捣蛋，只要父亲扯着嗓子一喊，"腹儿！"腹儿立刻变得规规矩矩老老实实。腹儿妈说，"还是大先生规矩大。"我父亲是家里的长子，所以乡亲们尊称他"大先生"。

腹儿妈是一个没什么文化的农村妇女，但她很能干。解放战争时期，苏北我们老家那一带斗争很残酷，腹儿妈是共产党的基本群众。她帮着收公粮，掩护干部，是一位革命母亲。

腹儿十六七岁就参加了革命，一路顺风，文革前成为南京某高校副校长。

腹儿和我们家的一个远房姑奶奶定的娃娃亲。腹儿参加革命后，这位远房姑奶奶怕跟不上趟，发奋学习，十几岁了从小学读起，比班上的同学高一个头。她天资聪慧，再加上努力，后来在南京的一个卫生学校毕业，到南京某高校医务室工作至退休。

腹儿很讲原则。"三年自然灾害"时期，有一次腹儿妈让校木工房的师傅帮她打了一张小饭桌。腹儿下班回家看见了问他妈小饭桌是哪来的，腹儿妈没觉得是什么事就如实相告。腹儿当时就拉下了脸，搬起桌子要送回木工房，说是干部不能搞特殊化。腹儿妈急了，执意不肯，她很喜欢这张小饭桌。争执之下，腹儿妈哭了。腹儿是个孝子，看他妈这样，只好把小饭桌留下了。事后腹儿去木工房付了钱，这张小饭桌一直用到现在。腹儿妈过世多年后，有熟人朋友到腹儿家，腹儿还会讲起这张桌子的故事，讲着讲着眼泪就下来了。

腹儿这样一个讲原则的干部，这样一个"根正苗红"的革命烈士遗孤，文革中居然也挨斗。他们学校的红卫兵把他揪到雨花台烈士墓前让他给烈士下跪请罪。腹儿妈提到这事就气不打一处来。

文革中我见过腹儿几次，没有太深的印象，感觉中他是一个规规矩矩沉默寡言的人。也可能是他在他的老师"大先生"面前有点拘谨。

70年代初时有一年冬天我和姐姐回过一趟老家。表哥带我们去我二叔的坟上扫墓，我的二叔是1947年初在解放战争中牺牲的。墓修缮得不是很好，墓旁几棵小树光秃秃的，很凄凉的样子。表哥指着不远的另一个坟说，那是腹儿爸爸的墓。那天天阴沉沉的，寒风吹来发出哨子般的响声，似乎在讲述着当年那英勇悲壮的故事。原来这两个墓都在各家的祖坟地里，后来要搞农田建设，祖坟都平了或深埋了。因为这两个是烈士墓就迁到了当时我们扫墓的地方。再后来这两个墓迁入迮庄中学的烈士公墓中。

　　腹儿妈一直跟腹儿过，九十几岁时去世。她和腹儿的爸爸合葬在迮庄中学的烈士公墓中，那里还葬有迮庄中学的几任校长，我二叔的墓后来迁去了海安县的烈士陵园。我三叔说他每年都要去迮庄中学和海安烈士陵园扫墓凭吊。

　　腹儿有点文才，大大小小的场合他喜欢写诗庆贺。今年在他们学校庆祝建党87周年暨80、90华诞老同志祝寿会上，作为离休支部书记的他赋诗《与党同庆》一首，"大姐诸公是我友，携手共事五十秋。立党为公甘奉献，豪情壮志仍风流。"

　　腹儿能写诗，我想还是应该归功于早年"大先生"的启蒙吧。

原文写于 12/4/2008　修改于 12/15/2021

2. 别处哪儿有

　　《别处哪儿有》是一首上世纪40年代在苏北抗日根据地广为传唱的歌，歌词是这样的，"千条船呀万条船，千条万条来往像梭穿。除了解放区，别处哪儿有？哪儿有？布朝北，米朝南，朝北向南只报一道捐。除了解放区，别处哪儿有？哪儿有？"这首歌我老是听妈妈哼唱，妈妈是个喜欢唱歌的人。1961年满大街的人都在唱"洪湖水，浪打浪"，我们家也天天是"浪打浪"的歌声。下班回家，妈妈一高兴还会冒出一句"晚上回来鱼满舱"。

《别处哪儿有》产生于1943年。"其时，在如西工作的著名作家史白，目睹被誉为'苏中小延安'的如西抗日根据地的繁荣景象，感彻肺腑，写下民谣《别处哪儿有》，经音乐家沈亚威谱曲后，首先在如西唱开，很快唱响全中国，并留传至今。"（《记忆如皋》）

1937年"七.七事变"后，抗日战争全面爆发，1938年3月19日如皋沦陷。如皋民众不屈不挠，奋起反抗，建立游击武装组织抗击，其中比较活跃的有季恺的如皋抗日自卫队第二大队，祝惟干的抗日自卫队和陈玉生的抗日救亡大队。父亲加入了季恺的游击队，有几位共产党人也加入进来，其中有"苏中才子"俞铭璜。这三支抗日武装后来都被驻扎在泰兴县黄桥镇何克谦的国民党江苏省保安四旅（何四旅）打散。季恺的游击队溃散后父亲回到家乡继续任小学校长，继续他的教书生涯，他还有着教育救国的理想之梦。

1940年新四军东进。7月29日，陈毅、粟裕领导的新四军一、二、三纵攻下黄桥，歼灭何克谦两个团的2,000多人。同年十月，陈粟部7,000余人与当时的江苏省政府主席韩德勤部30,000余人在黄桥又打了一场大仗，大败韩德勤，此仗史称"黄桥战役"。陈毅为黄桥战役作诗一首："十年征战几人回，又见同侪并马归。江淮河汉今谁属，红旗十月满天飞。"黄桥战役后新四军建立了以黄桥为中心的抗日根据地。

新四军东进后为便于领导开展游击战争，把如皋县以通扬运河为界划分为如西县和如东县。如西和靖江、泰兴，泰县、紫石（今海安）属苏中三分区，如东属苏中四分区。1941年3月，如西县抗日民主政府成立，许家屯任县委书记，季恺任县长。

据父亲七几年时回忆，许家屯当年成天斜挎一把盒子枪，很神气。他做报告时喜欢说"一环（苏北话发kuan2）"，如"中国的抗日战争是世界反法西斯战争的一环，苏中地区的抗日斗争又是全国抗日斗争的一环"等等。所以每次他要做报告，下面的人就打趣说，不知许书记今天有"几环"。许家屯"六.四"后出走美国，成为中共自王明后出走国外的最高官员。

六、历史

季恺是个传奇人物。他早年在北京求学时听过共产党创始人李大钊的课,参加过1926年北京的"三.一八"反帝示威游行。1930年季恺因支持帮助红14军被捕,1936年底由各方协助获释。1938年季恺组织建立抗日游击队,失败后他经俞铭璜介绍参加共产党的地下活动。新四军东进,陈毅三次到泰州谈判都由季恺联系接送。季恺担任如西县县长是陈毅举荐的。

1942年是抗日战争最艰苦的一年,日伪军对根据地加紧扫荡,我们老家那带成为"拉锯区"。日伪军加强了对他们占领的重点乡镇周边村庄的伪化工作,企图在这些村庄建立起亲日的政权。在日伪的高压下,我们老家卢桥村周围的村庄都相继伪化,但卢桥村的村民在我父亲为首的抗日人士的领导下坚决抵制伪化,所以卢桥村成了驻扎在十多里外泰兴古溪镇的伪军们的眼中钉。有一天夜里,古溪镇的伪军突袭卢桥村想抓走父亲。父亲有所防备,那些日子都不在家住,住在邻村的朋友家。这些伪军扑了个空,抓住了准备去给父亲报信的三叔。三叔当时还是个孩子,瘦瘦小小的不起眼。他说他在这家做工的小伙计,这才脱了身。

在这种严酷的环境下,父亲教育救国的理想之梦彻底破碎。后来父亲的一个在如西县政府任督学的朋友曹衍正介绍他加入新四军。当时苏联卫国战争斯大林格勒战役决战正酣,有友人劝他说这天下还不知是属于谁家,如果要是苏军战败,德意日获胜,参加新四军就非常危险,不如看看再说。父亲没有听从这些劝告,义无反顾加入了新四军,担任了如西县文教科长。次年,经曹衍正介绍父亲加入了共产党。

父亲加入新四军和当时中共的政策也有很大的关系。中共中央于1939年12月1日做出《大量吸收知识分子的决定》。《决定》指出:"在长期的和残酷的民族解放战争中,在建立新中国的伟大斗争中,共产党必须吸收知识分子,才能组织伟大的抗战力量,组织千百万农民群众,发展革命的文化运动和发展革命的统一战线。没有知识分子的参加,革命的胜利是不可能的"。

《决定》规定:"一切战区的党和一切党的军队,应该大量吸收知识分子加入我们的军队，加入我们的学校，加入政府工作"。当时新四军对知识分子的政策是"热情欢迎，大量吸收，关怀爱护，积极培养，严格要求，大胆使用"（《钟期光回忆录》）。在这样的政策下，当时很多行政职务，如科长、区长、县长等，都是由党外知识分子担任。

我不止一次问过父亲当年他为什么要加入新四军，父亲说他也有过一个观察比较的过程。在当时走马灯一样的各路抗日队伍中，父亲感觉新四军是真抗日，在新四军身上能看到未来，看到希望。新四军的队伍中集聚了一批本土精英人士，如许家屯、季恺、俞铭璜、曹衍正等等，其中有很多人是父亲多年的朋友。新四军当时对党外抗日人士，特别是像父亲这样在乡间有威望的知识分子极为尊重，求贤若渴。我还问过父亲当年加入新四军不觉得危险吗，父亲说，当然觉得危险，当时就没想到将来是不是能活下来，有着一种"壮士一去不复还"的情怀。

新四军注重根据地的建设，实行"二五减租"，即照原租额减低二成五。这样既提高了佃农种田的积极性，又保证了土地拥有者的利益，这是一个双赢的政策。各级政权组织实行"三三制"，民主选举。三三制是指"在人员分配上，应规定为共产党员占三分之一，非党的左派进步分子占三分之一，不左不右的中间派占三分之一"（毛泽东《抗日根据地的政权问题》）。政权组织由民主选举产生。据我三叔回忆，有些地方群众用投豆方法选出代表，即将候选人的名字贴在碗上，选举人将豆投在自己合意的人的碗内，谁得豆多谁当选。根据地曾民主选举出县级政权组织。当时老百姓不说"新四军来了"，或"共产党来了"，而是说"民主来了！"当年，老百姓曾把共产党和民主划过等号，共产党也称自己建立的政府是"民主政府"，可六、七十年过去了，共产党的民主还停留在乡镇一级的选举上。

注重教育事业是苏中抗日根据地的一大特色。1942年冬，一种被称为"冬学"活动成为苏中根据地的发明。"冬学"利用冬季农闲时节开展教学活动，冬学活动坚持"明理第一，识字第二"的方针，为苏中抗日根据地培养了大批有文化的人才。父亲是如西县冬学活动的组织者，对当时办冬学的情形，父亲写过两篇短文《如西冬学小景》和《苏中抗日根据地冬学回忆》登载在《老解放区教育工作回忆录》一书中。

1943年2月苏军获得斯大林格勒战役的胜利，这是二战的一个转折点。苏中抗日根据地也进入了大发展时期。就是在这样的情况下，《别处哪儿有》应运而生。

看看当时的解放区，政治民主，生产繁荣，蓬勃向上，就像歌里唱的那样，"除了解放区，别处哪儿有？"

一代人有一代人的理想，一代人有一代人的追求。正是一代代人的理想和追求推动了历史的发展，造就了不同时代一个个辉煌。

下面是父亲文革前写的一篇短文

如西冬学小景

1942年冬季，苏中抗日根据地开展了大规模的冬学运动。这以后就年年办冬学。当时如（皋）西县冬学搞得很活跃，有许多动人的景象留在我的脑海里，至今很新鲜。

锣号

冬学上课大多是在夜晚，上冬学的信号是敲锣。每天一到晚饭过后，冬学班里的一些积极分子就忙起来了。他们有的忙着去替冬学掌灯火，有的去"哐当哐当"地敲锣叫人上学。孩子们最高兴，他们一群群地拥着敲锣的人，一边跑一边伴着锣声有节奏地嚷着："呵呵呵，上冬学！呵呵呵，上冬学！"这时冬学班里的灯火也亮起来了，人们三三两两地从屋子里出来，哼着歌子往冬学班走去。在这寒冬夜晚的农村里，仿佛从哪里添来了一股热气。

听冬学的人

冬学上课的时候，有许多人虽然不是学员却也来听讲，叫作"听冬学"。"听冬学"的人男女老少都有。他们有些人跟学员一起挤在课堂里，课堂里容纳不下的，就挤在门口和窗口听，要是一位教师讲课讲得入神，听冬学的人就更多了。不过有一些青年人和小孩子是来赶热闹的，他们尽是在人丛里钻挤打玩，并不认真地听；认真听冬学的倒是那些老年人。冬学里讲的道理，他们感到特别亲切有味，有时连连点头，有时啧啧称是。当他们听到农民过去受压迫受剥削的苦处的时候，有的人禁不住流下泪来。"你说农民苦啊，翻身的日子来啦！"这时教师话锋一转，讲起农民怎样翻身斗争的故事来，他们又破涕为笑了。听冬学的人中间，偶然有人小声地问："老奶奶，天气这样冷，你怎么也来了？"老奶奶回答说："听听蛮有意思哩！"

灯

冬学照明用煤油灯的不少。但用的大多是吊挂的或座式的罩子灯；能用一盏汽油灯的，那就是很阔气的冬学了。更多的冬学是用豆油和菜籽油点的灯，这种灯是用古老的灯台，放两根灯芯草在油池里点的，光度较弱。后来人们就"发明"拿一只瓷盘子，四边用细绳子络起来吊在空中，盘内放油，盘的周围放三四股灯芯草，同时点三四个灯头，光度就大大增强了。冬学的灯，只要能给教师照亮课本和黑板就行。学员有没有灯光都还可以。不过有些用心的学员也自己带灯来。他们有一种灯是用旧的洋铁罐或瓦罐做的；在罐头的一面开个"小窗户"，中间放一盏小油池，只用一根灯芯草点着，一支微小而明亮的灯光从"小窗户"里照射出来，可供一两人看书之用。这种灯既省油，又别致有趣。

印课本

冬学课本数量很多，一印就是上万册，只有一部分用铅印，大多数是由民主政府跟一个商人合办的"正风书店"印制的。说起这个"书店"，只有一块印书的石版和几个工人，纸张、油墨等印刷材料分散"埋伏"在好几处。通常选择一个比较安全的地点开工印书，如遇敌人"扫荡"，工人们就用一辆小车子将印石推走，推到另一处"埋伏"印刷材料的地点，又印起书来。这种游击印书的办法好，不论在怎样的情况下，总能使冬学课本保持供应。冬学学员拿到新课本的时候，常常惊奇地说："平时不见点儿影子，一下哪来这许多书？新四军的本领真大！"

——老解放区教育工作回忆录

原文写于 12/25/2008 修改于 12/15/2021

3. 黄桥烧饼歌

"黄桥烧饼黄又黄，黄黄烧饼慰劳忙。烧饼要用热火烤，军队要靠老百姓帮。同志们呀吃个饱，多打胜仗多缴枪！"这是上世纪 40 年代在苏北抗日战争根据地传唱最广的一首歌，《黄桥烧饼歌》，这也是父亲教我唱的唯一的一首歌。

父亲是个严肃的人，平常话不多，但谈兴上来，也会口若悬河滔滔不绝。父亲精通中国历史和文学，肚子里像装了一部中国通史，随便说到历史上的哪一段，他都能把在那一段历史中发生的重大事件、时间、地点、人物以及事件的前因后果说得清清楚楚。家里有客人来，父亲往往会露上一手，客人们无一不为他的博闻强记所折服。

1965 年里的一天，大概是在纪念抗日战争胜利 20 周年前后，父亲忽然说，我来教你们唱一首歌吧。我知道教唱歌不是父亲的强项，因为我从来没听他唱过甚至哼过一首歌，更不用说教唱歌了。至于教什么歌父亲当时没说，卖了一个关子。几天后，父亲把姐姐、弟弟和我招集在一起，他从口袋里掏出一张纸，上面有歌谱和歌词，是父亲写的。父亲说，我要教你们唱的这首歌是《黄桥烧饼歌》。"烧饼歌？"我心里犯嘀咕，"该不会是卖烧饼吆喝时唱的歌吧"。父亲给我们介绍了这首歌的背景。

1940 年 10 月，由陈毅、粟裕率领的新四军一、二、三纵 7000 余人与当时的江苏省政府主席韩德勤率领的 26 个团 30000 余人在泰兴县的黄桥镇打了一场大仗，史称"黄桥战役"。新四军因为得到当地群众的支持，以少胜多，大败韩德勤。韩部下独立六旅中将旅长翁达自杀身亡，89军军长李守维溺毙。战斗最激烈的时候，黄桥镇上群众纷纷行动起来，组成担架队、运输队，运送伤员和弹药。镇上的烧饼店全部开炉，烤制黄桥烧饼，群众把烧饼送往前线慰问新四军战士。《黄桥烧饼歌》就是在这样的背景下产生的。

　　黄桥镇离我们老家只有二、三十里路，父亲当时还在家乡做小学校长，尚未"出山"。作为一个老百姓，他为新四军的胜利欢欣鼓舞。

　　父亲为教我们唱这首歌准备了好几天，他凭着记忆把歌的简谱回忆出来，记在纸上。歌谱的四、八、十六分音符，附点，休止符都标得清清楚楚，还配了两段歌词。父亲说《黄桥烧饼歌》的歌词有五、六段，他记不全了，只记得歌词从色、形、香、味各方面描述了黄桥烧饼，并与当时的时政紧密结合，通俗易懂，朗朗上口。

　　父亲让我们先唱谱子，唱了三、四遍后再唱歌词，教得中规中矩，有板有眼，到底是做过多年小学校长。父亲嗓音还可以，音准也不错，但他的苏北口音很重，"军队要靠老百姓帮"中的"老百姓"父亲发成"老博姓"。每唱到这一句我们就要把这"老博姓"拧回成"老百姓"。

　　这首歌说老实话一开始唱起来不感觉有什么好听，挺"土"的。可唱着唱着味道就出来了，越唱越觉得好听，耐唱耐听。

　　文革后，南京街上也开始有黄桥烧饼卖，广播里也时不时听到唱《黄桥烧饼歌》。我们曾在街上买过几次黄桥烧饼，吃起来味道还不错。我们叫父亲吃吃是不是正宗的黄桥烧饼，父亲一尝直摇头说，这哪是什么黄桥烧饼，差远了。父亲说了半天，我们差不多口水都要馋下来了，也没闹清楚这正宗的黄桥烧饼是什么味儿。

　　网上有报道称，至2006年，整个黄桥镇有大大小小的黄桥烧饼店78家，烧饼年产值已经超过一亿元。

　　在网上查了半天，看到很多介绍《黄桥烧饼歌》的文章，但一首MP3也没找到，有点郁闷，遗憾。

六、历史

  一个时代在历史上留下的印记往往是那个时代流传的民谣，传唱的歌曲。中国当代会给未来留下什么印记呢？该不会是铺天盖地的手机短信或是《股民老张》吧。我困惑了。

  下面是在网上查到的资料

  《黄桥烧饼歌》唱遍江苏 金陵晚报记者 薛莲 07/07/2005

  抗战时期，真正在江苏传唱最广最火的歌，则是一首带有江南饮食风味的《黄桥烧饼歌》。江苏省音协秘书长高行素告诉记者，《黄桥烧饼歌》诞生于著名的苏北黄桥战役时期。

  高行素说，那是1940年，在黄桥决战期间，黄桥人民千家万户赶做当地特产"黄桥烧饼"，车推担挑从四面八方送往前线，还组织担架队抢运伤员，对取得黄桥战役的胜利起到了重要的作用。

  这首歌是由著名抗战作曲家章枚所作。上世纪80年代后期，章枚携夫人重回江苏，当时他已经成了中国民族音乐研究所的研究员，夫人则是北京音协副会长。他们在江苏的行程就是由高行素接待的，在他们的要求下，高行素带他们重游黄桥。

  在黄桥镇，再次拿起黄酥酥、香喷喷的烧饼，章枚感慨万千，回忆创作《黄桥烧饼歌》时，是与几个文工团女团员一起在黄桥镇上一个小店铺吃烧饼、喝豆浆，他们看到群众如火如荼的拥军支前热潮，十分感动！

  一边喝着豆浆吃着烧饼，几个文工团女团员一边把歌词凑了出来，"黄桥烧饼黄又黄，黄黄烧饼慰劳忙。烧饼要用热火烤，军队要靠老百姓帮。同志们呀吃个饱，打胜仗多缴枪！"餐毕，章枚立刻谱曲。《黄桥烧饼歌》就这样问世。

  值得一提的是，这首著名的《黄桥烧饼歌》随着新四军的脚步传遍大江南北，解放后黄桥烧饼还入选了开国大典国宴。

原文写于 12/11/2008 修改于 12/15/2021

4. 连庄中学

1933年夏天,父亲从如皋师范毕业回到了家乡,在鞠厦小学担任校长。鞠厦小学所在地鞠厦村位于我们老家卢桥村南边不到两华里。那年代,如师毕业生在乡间可算是大知识分子了。

如皋师范是1902年由如皋名人沙元炳(1864-1927,字健庵)创办的,沙元炳与清朝末代状元张謇为同榜进士。如皋师范建校伊始,就立"贵全"为教育宗旨,以"真实"为校训,以"沈笃醇和"为校风,旨在"养成爱国志气、良善性情、强健体魄、谙练小学教法之师范生"。

鞠厦小学是一所公立小学,父亲是由当时的国民政府分配去当校长的。父亲的前任对学校的工作不负责任,学校管理得很不好。有一次县里的督学到学校督察,居然找不到校长,所以县里用父亲替换下那位校长。鞠厦小学当时是一所初级小学,只有一、二、三、四年级。学校的教室很紧张,不同的年级的学生往往需要挤在一间教室里上课。我们老家地处海安、如皋和泰兴三县交界处,交通不便比较落后。父亲认为要改变家乡的落后状况必须从教育做起,他投入了全部的时间和精力到学校的工作上。

首先要解决的是校舍问题。鞠厦小学本来就是用一个大庙的多余房产建成的,父亲想把大庙里的一个拜菩萨的大殿改建成教室,这个想法遭到很多乡亲的反对,阻力非常大。父亲反复向乡亲们解释,要改变家乡的落后状况不能靠求神拜佛,要靠教育,靠知识文化。父亲甚至采取了极端方式,组织一批小学生把泥菩萨砸了扔进河里,这才解决了校舍问题。父亲注意提高学校教育的实用性,在正常的教学外,学校开设了珠算课和毛笔字课。经过一段时间的训练,学生们掌握了珠算的基本技能,还能写出一手端正的毛笔字。学生回家能帮助家里算算账,过年过节时能写写对联。乡亲们看到了教育给他们生活带来的变化,渐渐理解了父亲当初的做法。经过几年的努力,学校有了很大发展,有七间教室,数百学生。我的三叔就是在鞠厦小学念的初小。

1938年3月19日，日本人攻陷如皋城，如皋民众建立游击武装抗击日寇，父亲加入了季恺组织的游击队。不久，这支游击队被何克谦的国民党江苏省保安四旅（何四旅）打散，父亲回到鞠厦小学继续担任校长。何四旅当时在苏中地区臭名昭著，他们不打日本人，专门打击当地的抗日游击武装。

1939年，何四旅不顾数百名学生面临失学的困境，要强占鞠厦小学建立一所中学。父亲和学校的教师坚决抵制，他们一度想上告南京沦陷后迁驻淮阴的江苏省政府。何四旅的人大白天去鞠厦小学缴了父亲的枪，那把枪是父亲离开季恺游击队时季恺送给他防身用的。何四旅的人这样做等于是向父亲发出死亡威胁。父亲的好友劝他放弃上告的念头，因为省政府主席韩德勤根本就是和何克谦一个鼻孔出气，强行反抗只会招来杀身之祸。

父亲强咽下这口气，在连庄村的家族祠堂里召开家族大会，商讨对策。结果族人一致同意在连庄一个大庙的庙产土地上新盖一所小学，连庄村在我们老家卢桥村北边约一华里。我爷爷那时已去世，父亲是家里的长子，乡亲们尊称他为"大先生"，家里的事里里外外由大先生说了算。父亲以身作则，让人把家里祖茔上的几十棵粗到一人都抱不过来的柏树砍了做建筑材料。就这样大家有钱出钱，有力出力，盖了三排大瓦房，在连庄建立了一所新的完全小学（含五、六年级），连庄小学。这个学校的规模和规格都超过了鞠厦小学，父亲担任了连庄小学的校长。连庄小学没有政府的资助，全靠学生学费和募捐款支付学校开支。

1940年7月新四军东进，攻下黄桥，歼灭何克谦两个团的2,000多人，人心大快。同年十月黄桥战役后，新四军建立了以黄桥为中心的抗日根据地，连庄小学归共产党建立的民主政府管辖。1941年3月，如西县抗日民主政府成立，时任县文教科督学的曹衍正经常来连庄小学督察。他和父亲一见如故，相识恨晚，他们结下莫逆之交。后来在曹衍正的引导介绍下，父亲参加了新四军并入了党。1981年父亲去世时，在南通地区副专员位置上离休的曹衍正作挽联"反顽爱国斐声乡里，噩耗传来袍泽同悲"相悼。

1942年父亲离开迮庄小学，参加了新四军，担任如西县文教科长。同年，我二叔从如西滨江中学的简师班毕业，继任迮庄小学校长。除了在1943年里离开了一段时间外，二叔担任迮庄小学校长直到1946年初他调至泰县任督学。一年后二叔英勇牺牲，时年25岁。

从抗战后期到1946年的上半年，苏中地区的教育事业是很兴旺的。1946年下半年，粟裕领导的华中野战军在"七战七捷"后战略转移至山东，苏中地区为国民党所控制。国民党把这一地区作为"清剿实验区"，国共在这一地区的斗争尤为残酷惨烈，我二叔就是在这场斗争中牺牲的。这段时间里苏中老根据地的教育事业遭到极大摧残，几乎所有的中小学校都停了课。迮庄小学曾在毗邻的一个大庙里开过课，留下一些反蒋标语，国民党的军队一把火将整个大庙烧了。

1947年下半年，解放战争形势发生转折，共产党重新控制了苏中大部分地区，这个地区的教育事业又迅速恢复发展起来。我们老家这时划归泰县。父亲有一篇回忆文章《老区泰县的民办小学》谈到那时泰县民办小学恢复发展的情况。这篇文章登载在《老解放区教育工作回忆录》一书中。

1948年5月，当时担任泰县一中党支部书记的三叔开始筹划恢复泰县一中的任务。泰县一中曾是苏中三分区规模最大，最有影响的中学。战乱中泰县一中的校舍全部损毁，县政府决定利用迮庄小学的校舍恢复泰县一中。在父亲和三叔的努力下，泰县一中顺利恢复，迮庄小学也顺利迁出。恢复后的泰县一中改名为泰县中学，这就是后来远近闻名的迮庄中学。这里还有一个插曲：三叔本来是作为武工队长要带领一支武工队去姜堰开辟新区，出发前一天，组织上临时决定让他留下完成恢复泰县一中的任务。结果不久这支18人的武工队在一次战斗中全军覆没，只有一个小通讯员侥幸逃脱。在三叔的革命生涯中曾数次碰到这种九死一生的情形。

1948年后，苏中地区的教育事业蓬勃发展，青年学子纷纷参军参干，投身解放战争的洪流中。泰县中学为陈毅粟裕的三野和各级地方政府输送了大批有文化的人才。

全国解放后，我们老家划归海安县，泰县中学改名为海安县迮庄初级中学。学校持续为新中国建设输送人才。

1958年，连庄中学建立了高中部，成为南通地区第一批农村完全中学，学校改名为海安县连庄中学。

1961年，连庄中学五八年进校的第一批高中生毕业，参加高考。这一年国家正处于三年大饥荒时期，高校紧缩，全国仅录取大学生十几万人。就是在这样的情况下，连庄中学的考生仍取得了较好的成绩，其中有数人考上南京大学，分布在数学、地质、中文等系科。

文革前，经常有从连庄中学考上南京高校的学生来我家作客、拜访，表达对我父亲的感激和崇敬之意。正是由于早年我父亲、二叔、三叔他们一批有识之士艰苦卓绝的努力，才使得在我们老家那带相对落后的地区有了一所完全中学，产生出了一批批能服务于社会的优秀人才、栋梁之才。

"几十年来，海安县连庄中学在不同的历史时期，培养了成千上万的优秀人才，输送到全国各条战线，许多人成为领导骨干，一些人进入了省部级行列。

原省委书记沈达人、原省顾问委员会副主任周泽、原副省长、人大副主任戴为然、原省委宣传部副部长李维先后为海安县连庄中学题词。"（《百度百科》）

2008年，改革开放30年，计划生育也实行了30年。农村的生育率下降，学龄儿童、青年大为减少，老家那一带的学校生源严重不足，海安县决定撤并连庄中学。三叔做了许多工作希望能保住连庄中学，其中一个理由就是这是一所具有革命传统的学校。结果，一切努力都没能奏效。

连庄中学于2008年7月31日撤并，从这天起，"连庄中学"成为一个历史名词。

随着时间的推移，连庄中学也许会被人们渐渐淡忘，但这所学校在苏中地区这几十年来教育事业上所起的作用，对国家、对社会所作的贡献是不可磨灭的。

下面是父亲的回忆文章

老区泰县的民办小学

1946年的春天，苏皖边区在淮阴召开了宣教大会。在这次大会上，对教育工作提出了发展民办教育事业的方针。这就是发动群众，兴办学校，普及教育；主要是发展民办小学，普及小学教育。这个方针是符合当时客观形势发展的需要和群众的要求的，所以一经提倡和宣传贯彻，在宣教大会之后不久，许多地方，象一分区的如皋、泰县一带农村，都创办起民办小学来。

就在这年7月，国民党反动派向解放区发动进攻。处于解放战争前线的如、泰地区，教育事业受到敌人的严重摧残。这一新兴的民办教育事业也暂时陷入停顿。1947年秋，战争形势胜利转变，局面打开；再经过土改复查运动的影响推动，解放区的教育事业又迅速地恢复发展起来。特别是民办教育事业，获得了很大发展，呈现出一片欣欣向荣的气象。当时泰县就是民办小学发展迅速和办理较好的地区之一。由于我曾有机会到该县做过一些调查，对那里的民办小学还保留着较为深刻的印象。

在1948年春季的几个月中，泰县全县办起民办小学359所，入学儿童达到14900多人；像原来基础较好的芦桥区，91个村子就办了71所民办小学，办学的村子占百分之78（当时曾提出村村办学的口号），可以说小学教育达到相当普及的程度。不但是中心区办了很多民办小学，就是新恢复区和边区也办了民办小学。民办小学课本上有《小红上学》一课，孩子们到处传诵着《小红上学》的课文。有一个时候，人们常常是这样：如果一处什么地方的敌人给赶跑了，地区恢复了，就说那个地区"小红上学"了。一时传为美谈。

当时这些迅速发展起来的民办小学，办学形式和规模大小都很不一致。大体上可以分为"两大类型、四种学校"。所谓两大类型，是指办学形式上的分散办学和集中办学。分散办学的类型，都是一些单班小学。这里又有两种学校：一种是比较简陋的、类似"包馆制"私塾的民小；一种是师资、设备都较好的单班小学。这类学校为数最多，分布最广。办好这类分散的民小有积极意义。特别是那些简陋的民小，大多办在居住分散的小村上，学生只有十几人、二三十人，看来很不像样，但有它的优点：首先，它使用新教材，坚持新民主主义的教育内容；其次，它比较的简易好办，很能适应农村分散情况，便于群众子女就近入学，普及教育。因此当时县、区教育行政部门都非常重视发展和扶植这类民办小学。

集中办学的类型，也有两种学校，就是两三班小集中的学校和四班以上大集中的学校。这类学校一般都办在较大的村庄上，为数不多，每乡不过几所。它们大多是原来的公办小学，师资、设备条件较好，在恢复初期也是民办的。对于这类学校，是加强领导，认真办好，作为提高的榜样；并且要求它们协助县、区对周围的单班民小进行辅导。

民办小学的师资从哪里来？这有两个来源：一部分是原有公办小学的教师。他们经过解放战争和土改运动的锻炼，思想立场和工作能力都较好，这是发展民办教育事业的一支重要力量。另一部分是农民群众自己选拔的新教师。这些新教师大多是贫苦农民出身的知识分子和进步塾师。他们的文化、业务水平不高，但工作积极热情、肯干、生活作风艰苦朴素，能密切联系群众，很受群众欢迎。

民办小学教师的任用，一般都经过"民选"。其具体过程是由校委会物色人选提名，经家长评议决定后，再报请区、县政府审批委聘。有的地方选拔不出适合的教师时，由区政府帮助推荐。推荐的教师，须征得校委会和家长的同意再任用。这种教师任用办法的好处是可以密切师群关系，有利于解决办学上的各种实际问题，特别是经费和教师生活问题，也有利于群众对学校工作进行监督。政府很重视对教师的培养和帮助。教师都参加教联组织学习进修，并且强调新老教师团结，相互学习，取长补短。

民办小学经费的解决办法，主要是依靠轮饭（即教师由学生家庭轮流供膳）和收学粮。轮饭带收一部分学粮的做法比较普遍，适用于分散的民小，但有一种"连家馆"的民小，教师在家吃饭，就全收学粮；集中式的民小，由于学生分布较广，教师人数较多，不便轮饭，一般也是全收学粮。轮饭带收学粮的，每个学生每月交一至三斤，教师每月（除膳）可得薪给粮 30 至 50 斤。不轮饭收学粮的，每个学生每月交三至五斤，教师每月（连膳）可得薪给粮 80 至 170 斤。这样做，教师生活可以基本上保持当地中农生活的水平，也大体上适合群众的负担能力。有的地方还采取积肥、生产换工等办法，解决学校一部分经费问题。此外，政府还拨出一部分经费来支持民办教育事业，这叫作"民办公助"。这项公助费，主要用于对群众生活困难地区的民小、班级多和由高级班的民小的补助，一部分用于对优秀教师的奖励。

民办小学都必须使用政府编印的课本，这是一条原则。在课程设置和教学方法方面，各类学校可以按照不同情况，有较大的灵活性。例如那些简陋的单班民小，一般只设语文一门课程，或者再教一点珠算；至于条件较好的学校，课程设置就比较完备一些，但也只设语文、算术（包括珠算）、常识（高小为社会、自然）等三五门课，贯彻精简的原则。体育、音乐、美术等科教学结合课外活动进行，不列入正课。课外活动有民主生活、生产劳作、文娱等项。在教学与活动的安排上，强调多教学少活动，重视教学效果。为此，特规定了各类学校每周语文、算术等主科的教学进度和作业次数。一二年级就开始"写仿"，练习写字。群众一般都希望子女在学校能多读书写字，这些做法群众是欢迎的，成为民办小学在群众中生根立足和坚持巩固的重要条件。

为使教学适应农村生产情况，民办小学实行春季始业的学年制。从农历正月至六月为上学期，7 月至 12 月为下学期，全年假期不超过 70 天，包括寒暑假、纪念节日、农忙等。教学与生产安排的原则是：大忙（放假）服从生产，以生产为主，适当照顾教学；小忙（一般不放假）以教学为主，适当照顾生产；冬春季农闲时期集中进行教学。星期日仍保留，一般学校休假或休假半日。有些偏僻农村的单班民小，群众不习惯星期日制度，就不休假，让学生到校复习功课、做作业和练习写字，不授新课。

民办小学在行政上归县、区教育部门领导，其基层民主管理机构是校务委员会。校委会由学校所在地的乡村干部和家长代表组成，人数从七八人至十几人不等,多数成员是学生家长。它的主要职责是根据政府办学的方针、政策,组织发动群众办学,具体解决办学中的各种问题,如动员儿童入学,选聘教师,筹办校舍、设备,评议经费等,并对学校工作提出建议,进行经常的管理监督。经验证明,校委会是贯彻群众路线办学的很好的组织形式,对当前民办小学的发展和巩固,发挥了积极的作用。

对于300多所民办小学的发展和巩固,该县曾经进行过大量的、深入细致的实际工作,他们取得了什么经验呢?有一份总结报告中他们这样写道:

"一、必须深入进行调查研究。这就是对当时当地群众的觉悟程度、经济生活水平、办学情绪和意见、自然环境等,都要作详细的调查了解,正确地估计情况,决定我们的办学方针(按:这里所说的方针,是指办学的具体要求。)

二、启发群众的办学积极性。群众的文化要求基本上都有的,但不等于每个地方的群众对办学都有了积极性,或者对我们过去办的学校还有意见,必须去加以动员启发。

三、我们的工作方法必须与群众的要求相适应。例如办学口号、方式和教学内容等,都要从实际出发,适时地提出不同的要求和做法,逐渐地把大多数群众的真正意见集中起来,使他们和我们的办学意图引向结合。

四、在群众觉悟程度尚未达到行动起来的水平时,我们必须适当等待,再去调研,再去启发,切不可性急,命令包办。

五、方式方法可以灵活,原则问题不可迁就。比如,两个紧邻的村子,群众愿意合办一校,就不必机械于村村办学;群众不喜欢孩子多跳舞活动,我们就可以少做活动,但如果他们要教古书、体罚儿童,那就得给以耐心说服,不能随便遵行。"

从这些朴实的描述中,可以体会到他们最主要的一条经验,就是始终坚持了一切从实际出发的群众路线的工作方法。

——《老解放区教育工作回忆录》

原文写于1/1/2009 修改于12/15/2021

5. 华泰纱厂

1960年春节，我在北京读书的姨妈回老家泰州探亲，顺便也把我带了去。大人们聊天时我常听到他们提到"华泰纱厂"。这个华泰纱厂是我二舅在解放前和他的朋友们一起创办的，解放后交给了国家。我二舅从1950年代起就在泰州市任民盟主席，副市长，分管城建工作。

有一天外婆（这不是我的那个"女诗人"外婆，是我妈妈的继母）和舅妈领我去华泰纱厂参观，我印象中纱厂不大，暗暗的厂房里一排排的纺织机器。那天厂里好像不忙，没几台机器在运转着。工人们看见我外婆和舅妈热情地围上来和她们说话。说实话我对华泰纱厂并没有留下什么印象，后来也没有向妈妈了解过纱厂的情况。前不久在网上查关于泰州和我舅舅的资料，意外发现在泰州市委的网站上有一篇关于华泰纱厂的文章，《"三泰"之一的华泰纱厂》，写得很详细。

文章中提到的王石琴老人就是我的二舅。1943年筹建纱厂时二舅才23岁，可他已非常精明干练。他和一些志同道合的朋友们一起，在那动荡的岁月中为家乡的经济建设艰苦奋斗努力工作。文章中还提到赵兰汀老人，赵叔叔是我们家多年的老朋友。从我记事的时候起，赵叔叔经常来我们家，他温文尔雅，脸上总是带着慈祥的笑容。1994年我回国探亲见到赵叔叔了，也就是在那年我二舅检查出晚期肺癌。二舅于1994年10月去世，赵叔叔也于十多年前去世。

细读这篇关于华泰纱厂的文章，我能感受到二舅和赵叔叔在他们年青时代的活力和抱负。他们为家乡经济建设所作的贡献是不可磨灭的。

"三泰"之一的华泰纱厂

华泰纱厂是泰州工业史上的老字号工厂，是号称"三泰"的三家老厂之一。1944年筹建，1945年投产，经过几番风雨，几度挫折，经过坚持不懈的努力，在新中国成立后，在党和政府关怀和支持下，企业不断发展壮大，到上世纪80年代末，发展成为拥有52692枚纱锭、8740枚线锭、32台精梳机、2000头气流纺的中型棉纺厂，在省内棉纺行业有较高的知名度，是全市工业的产值、利税大户，为泰州市经济腾飞做过很大的贡献。

集资创业

提起华泰纱厂的创办，不能忘记原泰州市副市长、扬州市政协副主席王石琴老人，他虽已作古，但其功绩永留人间。

1943年秋，在上海大同大学就读的王石琴与同乡高尧常在上海见面。由于高尧之妻与上海开明书店董事傅耕莘之妻是同学，因此高尧与傅耕莘相识并成为好友。傅耕莘在上海某贸易商行也有股份，有意在他的故乡兴办纺织厂，同时准备到苏北买棉花，因高尧系毕业于南通纺院，便请他帮助设计建厂。高尧与王石琴商量，最好能争取傅耕莘将纱厂办到泰州。经王石琴多方奔走，四处联系，高尧从中促成，终于使傅先生下决心在泰州办厂。

1944年夏，成立了傅耕莘、高尧、丁山桂、王石琴等人参加的发起人会议，确定分块集资集股，上海方面股金占70%，由傅耕莘联系牵头；泰州方面股金占30%，由王石琴负责筹股。1945年初筹集3000万元（伪中储券），每股100元。上海荣丰纱厂老板章荣初、总经理韩志明出资1000万元（以机器折旧），其昌钱庄（背景是上海国货银行）经理丁山桂与上海开明书店傅耕莘合资1000万元；泰州方面由同福、天福、天成泰三大绸布店及大德粮行等大商店老板储子安、吴惠春、胡季梅、栾心斋、戈秉直、邓寅生等合资1000万元，王石琴、高尧各出资大米100担。

1945年8月华泰纺织股份有限公司董事会成立，由丁山桂任董事长、傅耕莘、高质君、韩志明、封雨苍等为常务董事。董事会聘请傅耕莘为总经理，在上海设总管理处，在泰州设事务所（坡子街28号），高尧任厂长。王石琴为了筹建华泰纱厂，不顾耽误大学学业，毅然休学一年，参加负责建厂工作，并任华泰纱厂总务主任，事无巨细,日夜操劳。在职工的共同努力下,工厂终于在 1945 年 8 月 16 日投产。初期的生产设备有 3 台细纱机(1176 锭)、1 台清花机、4 台梳棉机、2 台粗纱机、1 台小色机、三台柴油发电机。厂址在南门外原济泰当典内,119 名职工,生产 21s 花塔牌棉纱,月产量仅为 50 到 60 件左右。

历经艰辛

1948 年,泰州还处在国民党统治时期,时局不稳,国民党节节败退,市面物价飞涨,工厂资金短缺。此时,上海方面的股东,拟迁厂至镇江,时任华泰事务所主任的王石琴积极联系职工代表赵兰汀、韩忠诏、袁茂华、孙步衢(工会主席)等人上书董事会,剖析迁厂之利弊,据理力争反对迁厂,终于说服董事会将华泰纱厂留在泰州。1949 年 1 月,泰州解放。同年夏,公司因巨额亏损濒临倒闭,章荣初、韩志明提出要退股,要不就由其独资办厂。后开会决定,公司与上海荣丰纱厂签订协议书,以 220 件棉纱的代价将华泰股份有限公司全盘转让给上海荣丰纱厂,更名为华泰丰记纺织厂。荣丰纱厂派章定甫(原采购部主任,后任县级泰州市政协副主席)、庄仲明(工程师)、沈伯森来厂主持工作。同时,泰州市委、市政府亦派出董启明等人组成工作组进驻纱厂,培养和吸收了积极分子入党,建立了以董启明为书记、钱宏根为副书记的中共华泰丰记纺织厂支部委员会,以孙步衢为主席的工会委员会。1949 年 11 月 1 日,工厂重新开工,恢复生产。

新的起点

1949 年冬至 1950 年初,上海荣丰纱厂指派负责基建的人员和工程师多次来泰勘察,准备扩大生产规模。在泰州市委、市政府的大力支持和指导下,决定将工厂由南门迁至破桥东万字会,生产规模扩大到 4080 枚纱锭。新厂于 1950 年 8 月建成投产。在华泰迁厂扩建过程中,章定甫、王石琴发挥了积极作用。当时的华泰经理章定甫是一位好学、敬业、对工厂尽心尽力的人。他14岁就离乡背井到上海当学徒，只有小学文化程度。为了谋求生计，追求知识，他白天工作，晚上读夜校。由于刻苦勤奋，掌握了英语和日语两门外国语言，熟谙企业管理，并精通会计业务。1950年3月工厂资金紧张时，章定甫去上海求援，独自一人携带7000元现金返泰，经镇江过江到六圩，到泰州的班车已开，只好先乘车到扬州，再由扬州徒步顶着蒙蒙细雨，连夜回到工厂，干部、职工甚为感动。

1950年11月8日成立华泰丰记纺织厂劳资协商会，决定补发工资、年终奖，实行八小时工作制，一周休息一天，提高了工人劳动积极性。由于缺乏流动资金，市政府以调拨棉花维持工厂生产。1951年6月又获银行贷款10万元，使全部纱锭得以投入运行。1952年工厂扭亏为盈，实现利润0.49万元，以后连年上升，职工201人。华泰纱厂从此走上了发展之路。

1951年7月泰州市委组织部副部长龚松柏兼任华泰丰记纺织厂支部书记。市委同时选派李增寿、高洁、潘积文等组成工作组进厂，着手引导资方走公私合营道路。经韩志明（上海荣丰纱厂老总，章荣初已去世）、章定甫申请泰州人民政府和苏北工商处批准，1951年11月成立了以王石琴为主任、龚松柏为副主任的公私合营筹委会，此举为江苏第一家，全国第八家。1951年11月15日在福音堂召开庆祝大会，市长顾维汉在会上宣布：龚松柏兼任厂长、章定甫任副厂长，工厂更名为公私合营华泰纱厂。

1952年泰州开展"三反""五反"运动时，华泰被泰州市人民政府评为完全守法户。

1953年7月8日，公私合营华泰纱厂成立董事会，上海荣丰纱厂总经理韩志明任董事长、章定甫任经理。董事会请求泰州市人民政府进行清产和资产估价工作，明确公私股的比例关系，结果估价总值为人民币64.5万元，公股21.5万元，占三分之一，私股43万元，占三分之二。1953年7月，经中央财经委员会主任陈云批准，正式颁发公私合营执照，更名为公私合营华泰纱厂有限公司，1953年，全厂职工236人，生产棉纱2744件，实现利润5万余元。党和政府充分肯定企业对国家和人民的贡献，章定甫先后担任市工商联副主委、省工商联执委，列席了1957年2月召开的最高国务会议扩大会议，亲耳聆听了毛主席的讲话。

1958年，省纺织工业厅安排从南京纱厂调6000纱锭到华泰，使其具备1万枚纱锭的生产规模。上海荣丰纱厂总经理韩志明深明大义，决定放弃定息。经上海市人民政府批准，上海荣丰转为地方国营上海第31棉纺织厂，同时征得上海市政府同意后，由章定甫报请泰州市人民政府批准，将公私合营华泰纱厂改为地方国营华泰纱厂。1958年实现产值277.34万元（不变价），产量3618.35件，利润12.24万元。

调整提高

在三年全国经济困难时期，由于农业生产遭受严重破坏，棉花生产锐减，在缺乏原料的情况下，华泰纱厂被迫紧缩生产，职工减少了53%。1961年，全国国民经济实行"调整、巩固、充实、提高"的方针，部分工业企业实行关、停、并、转。华泰纱厂的领导面对不利形势并没有消极退缩，而是想方设法从外地调拨设备，以壮大自身。当得知上海郊县有一万纱锭设备停产闲置的消息后，泰州工业局的领导通过王石琴找到高尧帮助联系，在各方面努力下，上海纺织局终于同意，将这部分设备调给泰州。到1964年，华泰纱厂形成了二万纱锭的生产规模。

"文化大革命"中，华泰又受挫折，1968年亏损8.39万元。

在1970年代中后期，随着全国形势的好转，华泰的生产秩序逐步走上正轨。工厂通过数年的挖潜、改造和更新、扩建，生产规模逐步扩大，招收新工人、增加生产，到1975年，纱锭数量达51208枚，当年生产棉纱22941件，其中三合一化纤混纺纱365.5件，完成利润29.22万元。1975年华泰更名为泰州纺织厂。原规划建成有5万纱锭，400台布机的中型全能纺织厂。后来由于种种原因，400台分布机始终未能上马，"全能纺织厂"也就成了一个梦想。

经过全厂职工的辛勤努力，1978年5月开出二套精梳、一套普梳的涤棉混纺纱，增加了新品，提高了效益。下半年开足5万纱锭，当年完成产值3900万元，产量40500件，利润达45万元，真正成为全市的一棵"摇钱树"。

改革发展

1978年12月党的11届三中全会作出了把党的工作着重点和全国人民的注意力转移到社会主义现代化建设上来的战略决策。泰州纺织厂通过恢复性整顿，老厂改造步伐加快，翻建厂房、更新设备、狠抓基础工作，加强经营管理等措施。1981年生产形势大好，实现利润517万元，创历史最好水平。这期间张福庚在纺织厂担任领导工作12年，从革委会主任到党委书记，团结和带领全厂职工，为纺织厂的发展作出了贡献。

1983年上半年，国家改革税收制度，推行利改税，厂对国家利润承包；企业推行党委领导下的厂长负责制，层层推行经济责任制，改善经营管理，提高决策水平；同时提高产品质量，增加品种，以提高经济效益。1983年比1982年产值增长16.96%，实现利润增长53%。1984年在新的挑战面前，推行目标管理，改革和完善经济责任制，继续取得较好的效益，实现利润505万元。1985年该厂的省重点项目"第一期引进捷克2000头气流纺纱机"正式立项，项目负责人申慕文，技术负责人周永萱。

1986年，为进一步适应提高产品质量的需要，引进瑞士Uster公司的单纱强力测试仪，单纱条干均匀度试验仪等先进测试仪器，建立恒温恒湿试验室。为提高管理水平，推行现代化管理，在技术管理工作中，应用了优选法、统筹法、正交试验设计、网络计划技术等现代化管理方法，并决定选购当时较先进的IBM pc/AT微机，建立了微机房。

通过数年来的不断努力，泰州纺织厂生产的纯棉、涤棉、中长三个品种20多个支别的产品，其中花塔牌32支纯棉针织纱、JT/c28支涤棉精梳混纺纱1986年获纺织工业部优质产品称号；21支棉纱等10个产品评为省优良产品。该厂技术力量逐步壮大，早在70年代，自己培养工大生业务技术骨干20名，到80年代先后引进录用和培养了一大批大学、大中专人材。在此期间还输送了许多业务技术和政工干部，如陈淑君、张锦丽、潘晓鸥等同志，陈秋华当选为全国人大代表，周永萱当选为省人大代表等。

80年代，工厂很关心职工群众生活，特别是对生产一线的女工，实行四班三运转的工作制度。1987年，工厂引进气流纺纱机，经安装调试，1988年4月全面投产，生产形势良好。1989年各项主要经济指标创历史新高。全厂职工3020人，实现产值10772万元，产量11137吨，利税925.14万元。

1990年，生产形势较为严峻，棉花供应不足，生产受到影响，效益下滑。到了90年代，全国纺织工业形势发生重大变化。90年代初，原泰州毛巾厂并入泰州纺织厂。90年代末，进行国有企业产权制度改革。进入新世纪后，工厂资产转让给靖江裕纶纺织有限公司，更名为泰州裕泰纺织有限公司。

华泰老企业，厂龄60年，历经风风雨雨，沐浴党的阳光，走过生产低谷，亦创造过历史辉煌。在改革开放的岁月里，老字号企业又步入一个新的时代！

周永萱 2008-12-26

原文写于9/4/2009 修改于12/16/2021

七、杂 记

1. 打麻雀

1958年，整整50年前，中国开展了一场轰轰烈烈的除四害运动。这四害是苍蝇，蚊子，老鼠和麻雀。

前三害显而易见，没有争议。可为啥要把这麻雀列入四害，我很长时间也没弄清。后来在网上读到郭老先生1956年写的《麻雀诗》方才知道这麻雀居然如此十恶不赦。

　　　　麻雀麻雀气太官，天塌下来你不管。
　　　　麻雀麻雀气太阔，吃起米来如风刮。
　　　　麻雀麻雀气太暮，光是偷懒没事做。
　　　　麻雀麻雀气太傲，既怕红来又怕闹。
　　　　麻雀麻雀气太娇，虽有翅膀飞不高。
　　　　你真是个混蛋鸟，五气俱全到处跳。
　　　　犯下罪恶几千年，今天和你总清算。
　　　　毒打轰掏齐进攻，最后方使烈火烘。
　　　　连同武器齐烧空，四害俱无天下同。

那时我已记事。有一天我从幼儿园放学回来，看见院子里的花园中扎了几个草人。草人们头戴草帽身穿破衣手上还拿着芭蕉扇，风一吹一动一动的，真有三分像人。有人告诉我那是用来吓唬麻雀的。家家户户都在忙碌着什么。

第二天一早，人们把铁锅铜盆瓦罐簸箕凡是能敲响的东西都搬了出来，说是要打麻雀。很久以后我才知道，麻雀只能连续飞行两小时左右。如果在麻雀两小时能飞达的范围内不停地干扰不让麻雀落地休息，它们就会活活累昏累死。这可不是一件容易的事，非靠人民战争人海战术不可。

现在回到现场。天边一群麻雀飞来，人们开始躁动呐喊起来，接着锅盆罐簸箕声大作，孩子们跳着叫着。惊恐不安的麻雀匆匆掠过头顶，他们飞到哪里都引起一阵喧嚣。一时间，整条街道上人声鼎沸锅盆罐簸箕齐鸣此起彼伏交相呼应十分震撼。

人们情绪是兴奋的，笑容是灿烂的，孩子们是欢乐的。

这就是我对1958年在神州大地上上演的这一荒诞剧的记忆。

我有时与年轻的朋友们在一起聊天，高兴起来调侃上一句："当年伟大领袖领导咱打麻雀时，你们还没出生呢。"就像革命老前辈说："当年我们上山打游击时，怎么怎么的…"一样，感觉很爽。

北美天很蓝地很绿，房前屋后的草坪上一群群麻雀追逐玩耍。看着这些可爱的小精灵，我心想它们要是生活在1958年的中国，可就没这么幸福了。如果有人愿花时间写一篇报道1958年全国打麻雀运动的文章，那一定很有看头。瞧，题目都想好了《中国1958年打麻雀运动始末》。

原文写于 5/4/2008 修改于 12/16/2021

2. 打麻雀后记

前几天写了一篇短文"那些年那些人那些事—打麻雀"。当时我也没当回事，贴在文学城我的博客上。谁知一觉起来上网一看，嗬，五、六百个点击。我开张没几天的博客也被顶入文学城博客100强，甚至冲到了文学城博坛上著名的"老秃笔"和"润涛阁"的前面。网友们对麻雀这一小生灵的关注让咱也小腕了一把，那份成就感，多年来未曾有过。

一高兴我把博客的链接发给了在纽约的外甥女明明。明明是当年南师附中文科班的高才生，写得一手好文章。

　　看了短文明明很快给我回了邮件大加赞赏，说没想到她这个学理工科的老舅还会写文章，并说我的文风跟她高中时的一个语文老师有几分相似。这位语文老师用笔名"吴非"发表过 2,000 多篇杂文，是个多产的杂文家，这十多年来在南京颇有名气，明明是他的粉丝。明明还说吴非也写过一篇回忆打麻雀的文章。我一听来了兴趣，上网谷歌了一通，还真发现了这篇文章（吴非：《世界麻雀史上的1958》）。吴非的这篇文章中提到杂文大师沙叶新在 1997 年也写过一篇回忆打麻雀的文章（沙叶新：《1958 年的中国麻雀》）。瞧这文章名起的，很俏皮嘛。没想到我刚开写博客就与两位杂文大家想到同样的题材，起点不低，眼光不俗啊。

　　再仔细一了解，这两位都是南京人。看来南京人富有同情心且爱打抱不平，要不怎么会不约而同地把现时麻雀的 N 代祖先们所受的灭顶之灾诉诸笔端以警示世人呢。我想，这两篇文章一定可以为想写《中国 1958 年打麻雀运动始末》的人们提供一点素材。

原文写于 5/30/2008 修改于 12/16/2021

3. 朱老伯

　　朱老伯曾是国民党的一个将军，解放后是政府的高级统战对象。他住在我们大院隔壁的一个院子里，房前屋后种满了各种花草，一年四季花开不断。朱老伯头发花白面色红润十分和善。我们在院子里打球，经常会不小心把球打到朱老伯家后院的水沟里。我们要捡球，一定要从他家的客厅穿过。朱老伯每次都是客客气气把门打开，我们捡完球后他又笑眯眯地把我们送到门口和我们说再见。朱老伯有一个外孙在我上的那所小学当教师，对我们也挺好的。

文革开始了，一切都改变了。1966年冬天，朱老伯的房前不知被什么人贴满了大字报说他是反动军官。周围的人们开始对他们家充满敌意。他们和我们两个院子里的孩子联合行动，拔光了朱老伯院子里种的所有花和草，砸碎了所有的花盆，打碎了所有窗户上的玻璃。我也卷入这一行动。白天，经常是十几个孩子冲进朱老伯家，肆意破坏恶作剧。我亲眼看见一个孩子把痰吐进快要烧开的一壶水里。当时已是寒冬下了大雪，天气很冷，寒风吹进没有玻璃的窗户，朱老伯家屋里就像冰窟窿。每天晚上都要折腾到11点后，朱老伯和家人才能把窗户上糊上报纸，挡挡寒风就寝。为了不让朱老伯一家睡安稳觉，有一天深夜12点后我们组织了一次夜袭，用雪团打破了糊窗纸。一个小孩还把一个墨水瓶扔进窗里，随着墨水瓶落地，屋里传出一声惨叫。

现在回想起来，当时我们扔出雪团的手没有半点犹豫，屋里的惨叫声也没有引起我们一丝怜悯。每当想到这里我都会陷入一种深深的自责和沉思，究竟是什么原因使得我们当时只有十来岁的孩子如此冷酷，是受周围环境的暗示，是对成人社会的仿效，还是在一个无序的社会中人们包括孩子们身上潜在的邪性得到催生和激发？

后来有一天朱老伯的外孙乘我父亲下班时在机关门口堵住他。朱的外孙一手抓住我父亲的前领，一手拿着一纸"军委八条"。他大声训斥说我父亲没把孩子教育好。这军委八条是中央军委1967年1月28日发布的一个文件，文件的第八条要求各级干部严格教育子女。当时机关里下班的干部和路过的行人围了一大圈，父亲很丢面子。回到家中，父亲发怒了，雷霆之怒。父亲是个和善的人，对我发这么大的火还是第一次。一开始我还为自己辩解，说朱老伯是反动军官什么什么的，但看父亲怒不可遏的样子，我便吓得不敢吱声了。不知过了多久，父亲的声音渐渐低下来。父亲拿来一本书放在桌上说："从明天起你哪里都不许去，把这本书里所有的诗词都背下来。"

父亲放在桌上的是一本毛泽东诗词集。诗词集收有毛泽东1925-1963年创作的37首诗词。这本诗词集中每一首诗词都有详细注解，在当时这真是一本学文化的好教材。

从第二天起我开始闭门苦读苦背这本诗词集。平心而论,毛泽东的诗词确有过人之处,大气磅礴,独树一帜。三个月下来我不负父望,37首诗词统统拿下。这三个月的童子功后来还真管用。在工厂里写大批判稿弄上两句,像"独有英雄驱虎豹,更无豪杰怕熊罴。"还有"要扫除一切害人虫,全无敌。"什么的,顿时大大提高批判稿的战斗力,把那些不知藏在哪个阴暗角落里的阶级敌人们批得体无完肤。1977年高考,碰上解释"忽报人间曾伏虎,泪飞顿作倾盆雨"这样的题目,轻车熟路,立马搞定,比那些把这句解释成"忽然来了只大老虎,把大家都吓哭了"的同考们要高出好几个档次啊。

没想到对朱老伯家的冲击会有这么个结果。直至今日,这37首诗词中的绝大部分我仍能倒背如流。有时我忽发奇想,如果当时父亲在桌上多放一本英语九百句或灵格风一类的书那我今天肯定是英文一级棒口语一等溜了。

原文写于5/9/2008 修改于12/16/2021

4. 李军长

您别误会,这位李军长可不是中国人民解放军的军长,他是第三次世界大战备战军校红色造反军军长。晕了吧,不要着急,听我慢慢说。

在南京生活过的人都知道,南京有两所最好的中学:南京师范学院附属中学(南师附中)和南京外国语学校。南师附中历史悠久,她的所在地是鲁迅先生曾就读的矿路学堂旧址。1966年文革开始后,南师附中的学生一冲动把校名改成第三次世界大战备战军校,当然没有谁会批准这一新校名,但这没有关系,学生们就这么叫了。不但如此学生们还编了首军校校歌:"头断华盛顿,血染太平洋..."真够猛的。一位老高三李同学发起成立了红卫兵组织—红色造反军,李同学也就成了李军长。这里要解释一下什么是老高三。把历史定格在一九六六年，在这一年读初中一年级至高中三年级的学生统称为"老三届"，在这一年读小学四年级至六年级的学生在南京被称为"新三届"。老三届又细分为老高三，老初二等等。

1966年8月18日这一天，姐姐在家听广播，她是南师附中的老初二。那天是红司令登上天安门检阅红卫兵的大日子。听着听着我姐姐大叫起来："李军长，李军长他上天安门了！"我们闻声赶来，还真是，李军长上了天安门正在作为红卫兵代表发言。

李军长原在北京读初中，后随他的将军老爸转来南京读高中。1966年8月李军长大串连去北京，遇到了读初中时的老朋友牛同学，牛同学此时已是北京中学界赫赫有名的牛司令，上通中央文革。经牛司令推荐，李军长8.18这天登上天安门代表红卫兵发言。在当时对一个18岁的青年人来说这是多么大的荣耀啊！在发言的过程中，红司令、红卫兵心中最红最红的红太阳，始终站在李军长的身旁，注视着李军长。这一情景和李军长的发言随着红色电波（那年头什么都是红色的）传进千家万户，传遍中国大地。这就出现了我们家前面发生的那一幕。

造反军沸腾了，南师附中沸腾了。"8.18"纪录片在南京上映时造反军的战士们看了一遍又一遍。每当李军长出现在银幕上，造反军的战士们就鼓掌欢呼，追星劲头比当代年轻人有过之而无不及。

1968年底，红卫兵不再受宠。红色造反军的战士们大部分都下了乡，李军长去了部队。

1970年底我被分配到一家化工厂当工人，同时分来的有一位南师附中的老初二，他是前造反军战士。"老初二"是李军长的铁杆粉丝，提到李时都是称其名免其姓，特铁倍儿瓷。

七几年的一天，"老初二"找到我说是他想给他在的化工车间搞一个技术革新，他请李设计了一个方案让我帮忙一起做。当时李已从部队退伍在南京邮电学院通信专业读书，我在厂电工班做电工。有天晚上我值班，"老初二"把李带到电工房来讨论技术革新方案。这是我仅有的一次见到李。李个子不高但很壮实，穿着一件旧旧的军装，一脸络腮胡。我们照例握手寒暄，李的手宽厚有力。我们先讨论了李的方案。这是一个报警系统。他的方案简单适用，看来是动了一些脑筋。我们接着随便聊天。李一口京片子，说话慢条斯理，思路清晰。

那天有些晚了，伙房里没什么菜。"老初二"弄来一些干饭和几个皮蛋，我们干饭就皮蛋当晚饭。李问我们："你们知道皮蛋为什么这么鲜吗？"他见我们没回答就接着说，"这是因为皮蛋中含有硫化氢。硫化氢是一种很臭的气体，但皮蛋中少量的硫化氢反而会使人觉得鲜美。"我们边吃边聊，时间过得很快。从"老初二"的眼神和举止中看出他对李仍很崇敬。那天我们谈了什么现在我一点也记不起来了，只记得李对皮蛋的一番议论。每次我吃皮蛋还会想起李的"硫化氢"说。

80年代，李下海去了深圳。"老初二"抛妻弃女追随他也去了深圳。又过了几年，听说"老初二"赚大发了，他再婚生子，置了房产，日子过得挺滋润。李也光环褪尽成为一个普通人。

原文写于 5/25/2008 修改于 12/16/2021

5．大院游击队

文革前我们大院里曾活跃过一支游击队，司令是张三，副司令是王二（张家的老三和王家的老二）。

张三王二是初中生，闲来无事他们想拉起个自己的"武装"，于是就组建了一支游击队，自封司令。

游击队员的成分很单纯，就是我们大院里大大小小的孩子们近20人。二位司令颇有组织能力，游击队员们按年龄大小封官授衔。我的一个姐姐封了个团级授校官衔，另一个姐姐封了个连级授尉官衔，我封了个排级授士官衔，弟弟封了个班级授上等兵衔，最惨的是朱家毛头，他年龄最小，什么也没捞上，只混了个列兵。可毛头不在乎，照样跟在大家后面跑得颠颠的，很开心。

光有队伍不行，还需要武器。"没有枪，没有炮。我们自己造。"用绳的两端往竹竿或木棍上一拴就是一杆杆"汉阳造""三八大盖"，用纸折折叠叠就是一只只盒子炮、驳壳枪，还是"20响"带连发的。三下两下游击队的实力就超过了《沙家浜》中胡司令的"十几个人，七、八条枪"。

有了队伍有了枪就可以开练了，经常是正副司令各带一拨人分红白两军对抗演习。

那年头可供学习的英雄人物特别多，有堵枪眼的、炸碉堡的、扒火车的、端炮楼的等等。可供模仿的反面人物也不少，有张军长、汤司令、毛驴太君、猪头小队长、偷地雷的等等。我们操练起来角色台词都是现成的，再加上我们的聪明才智，搞得一出一出的，整个一个山寨版连续剧。

场景一：

红白两军激烈交战，一颗罪恶的子弹射中红军战士胸膛，战士手捂胸口，挣扎了一会儿，倒在冬青树丛中，从贴着胸口的袋袋里掏出几张揉得皱巴巴的纸片，喃喃地说"这是我这几个月的党费，请交给组织。你们要为我报仇啊。"然后闭上双眼，牺牲者心里感觉自己很英勇，很壮丽。

场景二：

匪兵甲、匪兵乙押一共产党员上场，共产党员大义凛然怒斥国民党反动派，怒斥叛徒甫志高、王连举，高呼口号。几声枪响，国际歌声起…

场景三：

……

就这么闹腾了有大半年。后来张三的老爸调南师任院长，一家都搬走了。王二上了高中，无心也无力再打点军务，游击队不宣而散，无疾而终。

张三是南师附中"老高三"，文革中到内蒙插队，被打成"内人党"，整个半死。

王二文革中到苏南插队,后作为工农兵学员进入南京某高校学习。再后来留校、提干、升官,一路顺水又顺风。最后在该校副校长位置上退休。

其他诸位将、校、尉、士官们,上等、中等、下等、列兵们四散各处。经文革动荡、下乡下放、七六四五、拨乱反正、恢复高考、改革开放、八九六四、商品经济热、下海热、出国热一系列的事件、风波、运动、热潮后,各人都走出了自己的路,其中有留洋博士、本土博士、私企老板、高级教师、医院院长、大学校长、建筑师、画家等等。

想起这支大院游击队,想起儿时的玩伴们,挺怀念的。

原文写于 11/27/2008 修改于 12/16/2021

八、侧 记

1. 叶先生

一转眼，我的"那些年那些人那些事"系列故事已写了20多篇。

日前我联系上了南京作家叶兆言先生的大学同窗，我的朋友尔冬女士，向她索取了叶的电邮地址。我把我的系列文章放在一个国内可以访问的网站上，然后给叶先生发了一封邮件，我想请叶先生是不是能看看我的文章，并提提意见。我知道这是一个奢侈的要求。叶先生是一个大作家，他很勤奋，多年来一直都很忙，不知他是否有时间或有兴趣看看一个素不相识的网络写手的文章。话是这么说，但我从心底里感觉到他会有兴趣看的，因为我们是同龄人，又同生活在南京，我的这些故事发生的背景是南京，有些重大的历史事件他一定知道甚至经历过。

我的邮件发出没几天，就收到了叶先生的回信，这多少使我感到喜出望外。在回信中叶先生对我的鼓励激发了我把这个系列故事继续写下去的热情。他谈到的对于写作的看法，对我也很有启发。

现把这封信原文登出，与大家共享。

长弓先生：你好。

很高兴收到来信，更高兴看到你的文章。写作是很快乐的事，从你的文字中，看到了太多这种发自于内心的兴奋。

言为心声，现如今很多作家，难免为写作而写作，为当作家而当作家。我对于写作的观点，不外乎两点，第一，是把自己想写的东西写出来，所谓一吐为快。第二，希望能有些人或朋友看到，所谓奇文共赏，疑义相析。两种境界达到了，也就死而无憾。为此，必须要隆重感谢网络这个平台。

其他，真不知道再说什么好。尔冬同学去美之后，回国时匆匆见过一面，能感慨的只是，一眨眼，已30年过去，无论是东半球或西半球，我们都老了。

暂此，匆匆作复，不明白自己说了些什么，一笑。

叶兆言上，即日 9/28/08

原文写于 10/30/2008 修改于 12/16/2021

2. 杨先生、丑女和我

前一阵我的两集系列故事上了文学城导读，引来一堆跟帖。对跟帖我一般会比较重视。据观察，在文学城的读者中，潜水者众多，跟帖者甚少。除了少数的恶意灌水者和粉丝外，跟帖者往往是被文章吸引，有所感悟有所触动才会不辞辛苦地码字跟帖。这样的读者差不多百里挑一，甚至千里挑一。如果跟帖者也在文学城中开了博，我就会进他或她博客里浏览一番，有来无往非礼也嘛。

跟帖者中有一位叫作"丑女"，名字不很吸引眼球。丑女在文学城里有博客，我进去看了一圈，发现这丑女不简单。丑女住在澳大利亚墨尔本，在当地，"丑女"这一笔名要响过她的真名。不知什么原因，丑女对漫画情有独钟。倒不是说丑女会画漫画，而是她认识一大批国内著名漫画家，而且走得很近。今年四、五月间她一直在筹划举办墨尔本《中国漫画家戏剧人物精品展》，忙得不亦乐乎。丑女的博客中还有很多她和国内名人的合影，有漫画家还有一些文艺界人士。名人大腕除外，一般网络写手都惯于戴面罩穿马甲，很少有人用真名或现真形。丑女敢以素面朝天的近照示人，可见其非常自信，底气十足。台湾作家龙应台 2007 年 3 月访墨尔本时曾称其为"美丽的丑女"。

看了丑女的博客我有了一个想法，就是想看看她能不能找一些漫画家为我的系列故事配几张插图。因为我看到有漫画家为她的文章配的漫画，非常传神。一篇文章如果能配上一幅好的插图，会画龙点睛使文章增色，好文配好图那就更是锦上添花了。

我知道就像上次我给南京作家叶兆言先生写信一样，这又是一个奢侈的要求。我抱着试试看的想法给丑女发了一信。丑女很爽快，很快给我回了信说是没问题，但她要物色一个合适的画家。没几天，丑女说她找到一位居住在墨尔本的画家杨春瑞先生，想请他作画。那天丑女亲手做了据说是墨尔本一绝的韭菜盒子去杨先生家拜访，结果杨先生让我寄几篇文章去看看。我当即寄去我感觉比较满意的三篇文章。很快来了消息，杨先生说我的文章写得很生活，里面的人物他都熟悉，他要为其中的一篇画插图。听到这样的消息，受到这样的称赞，我当然很高兴。

我上网查了一下有关杨先生的信息。俗话说，"不谷歌不知道，一谷歌吓一跳"。杨先生原来是一位颇有名气的画家，尤其擅长水墨画和素描。他画过许多连环画，像《荆轲刺秦王》《好逑传》《后西游记-智解美人计》《后西游记-得解东归》《谭嗣同就义》《聊斋志异-王六郎》《朱元璋演义-血溅驸马府》《娅拜节》《末代皇帝》《燕子李三》等等，其中有些入选全国和北京及几个省市的美展，并多次获奖。杨先生还为一些小说、书刊画过大量的插图和设计封面，有古装的，有现代的。这些插图和封面设计采用了变形等多种绘画技巧。他还曾为多位著名作家，如叶辛、郑万隆等，的小说插图，像《小刀会英雄传》《杨家将演义》《伍子胥（扬州评话）》等。有一段时间，全国各地出版社稿约不断。

我还从一篇文章中了解到，杨先生在幼儿园里就显露出画画的天赋，他小学四年级时画的一幅水墨画马登在《中国少年报》上，轰动全国。1966 年文革爆发，杨先生那时已念初中。1968 年由班主任老师相助，杨先生进了北京内燃机配件厂当工人。在车间劳动了几年后，由于杨先生的绘画才能，他被调到工会搞宣传工作。1975年北京市委一纸调令，杨先生进了北京日报社，开始了他的专业绘画生涯。1976年文革结束，1977年杨先生与庞希泉共同创作了素描《华主席率领我们绘新图》。1987年，过了而立之年的杨先生考入北京教育学院艺术系。1988年杨先生以作品《扬州八怪》夺得文革后第一届全国书画大奖赛头等奖，这个奖据说是李可染大师亲自定夺的。

1989年杨先生只身来到澳大利亚。刚来的两年里，他在工厂做过工人也在街头给人画过肖像。在这种环境下，杨先生坚持画画。1993年杨先生一家三口在墨尔本举办了一次《丹青之家》画展，展出的作品第一天就卖出十几幅。这次画展使杨先生的才能在一个新的国度里被发现被认同，于是杨先生开始了他专业绘画生涯的第二春。正像俗话说的，"只要是金子，总是会发光"。

不久，丑女转来杨先生为我的"那些年那些人那些事-孙老头"画的一幅插图。杨先生与我素不相识，但欣然同意为我的文章插画，而且据说这是他来到墨尔本近20年后画的第一幅插图。我想这是因为我们是同龄人，都经历过那荒唐的年代，都想用文或是用画为那些年留下一些记忆，留下一些痕迹，当然丑女的韭菜盒子也功不可没。

真的很佩服杨先生的想象力，根据我的文章画出的这位人物有竟三分形似，更有七分神似。一个落魄、寂寞但又不失知识分子铮铮风骨的老干部形象栩栩如生，跃然纸上。

真的应当像作家叶兆言先生那样隆重感谢网络这个平台，它使我认识了不少素昧平生，远在天边的朋友，它也使我的写作过程充满奇趣，充满惊喜。

真的很感谢杨先生，真的很感谢墨尔本的丑女。

原文写于12/17/2008 修改于12/16/2021

九、家姐专栏

下面收集了我姐姐的三篇文章，前两篇是她下乡插队时的生活和故事，后一篇是纪念父亲的文章。

1. 放牛记

我放过牛，那是在1969年初夏，我来太平庄插队落户已有半年了。

那天，生产队长长顺哥分配我去放牛。放牛是个轻活，往往派给十五、六岁的半大孩子。我一听说让我去放牛，脑海中立马浮现出那幅"牧童放牛图"，多美的画面呀，蓄着"桃子头"的可爱的牧童骑在牛背上，悠闲地吹着笛子，身后，杨柳青青，微风徐徐。我兴奋起来，美美地准备起我的"行头"来。牛，我是不敢骑的，笛子，我也是不会吹的，可是，我有我的乐呀，我把半导体收音机放进书包，还塞了一本苏联小说《拖拉机站站长和总农艺师》，心里盘算着，放牛的时候，我可以听着收音机，看小说。

就这样，我背着书包，带着满脑子的"浪漫"，牵着牛，美滋滋地走出村口。

这是一条成年水牛，体格无比庞大。我先把它牵到村外草岗河的河岸上，这里种着成片的桑树，一眼望不到边，阳光泛着麦穗般的金黄，暖暖地照着，风儿带着泥土的芬芳，轻轻地吹着，四下里静悄悄的，一个人都没有，我让牛在这里吃草，它慢慢吃，我就可以看书了。

也许是树底下长的草不够茂盛吧，牛儿吃了几口，不过瘾，信步向不远处的麦田走去，我赶紧追上去，拉着牛绳，想把它拽回来，牛儿不愿意，使劲犟着，把头伸向田边的草丛，那也行，只要不吃麦子就行。我小心翼翼地拉着牛绳，只要看到牛头偏向麦田，便把它拉回来。几次三番下来，牛儿不耐烦了，就在我又一次拉动牛绳的时候，它猛地向前一蹿，前蹄恰巧踩在了我的左脚面上，可怜我的脚哟，它怎么禁得起这个千斤重的大家伙的踩踏呀！我忍着疼，拼命把脚往外抽，可我又怎么能敌得过这个庞然大物呢！我一手拉着牛绳，一手挥动着枝条，拼命抽打着牛屁股，嘴里还喊着："让开！让开！"牛儿瞪着无辜的大眼睛望着我，它闹不明白，这个小姑娘为何发这么大的火呀？

一切都是徒劳的，这下，我可知道什么叫作"牛劲"，什么叫作"对牛弹琴"了。

终于，牛儿"哞"地一声长啸，慢慢地挪开了它的前蹄，此时，我的脚已疼得麻木了，好像不是我的了。

我牵着牛，一瘸一拐继续走，这下，我再也不敢限制它了，信"牛"由缰，它爱在哪儿吃就在哪儿吃吧！

我被牛牵引着，离太平庄越来越远。牛儿自由自在地走走停停，吃着草，最后，它停在了一片秧田的田埂上，秧田里一群大姑娘小媳妇正说说笑笑地拔着秧苗，一片祥和。牛儿是不是受了感染？它突然挣脱牛绳，欢蹦乱跳地朝她们跑过去，溅起一片泥水。牛儿的举动引得女人们一阵阵惊叫，"是哪个短命鬼放的牛啊？"左顾右盼之下，终于看到了那个惊慌失措，尴尬无比的我，傻傻地站着，手里拎着一截牛绳，"噢，是知识青年啊！"她们的愤怒顿时烟消云散。

众女人齐声向不远处几个插秧的男人叫喊起来："快点，快点，来帮知识青年拦牛！"几个精壮汉子闻声赶来，在秧田里围追堵截，牛儿受了惊吓，没命地奔跑起来，它踩过秧田，蹿进稻田，所经之处，一片狼藉，秧田里、稻田里到处漂着被牛儿践踏的秧苗。

最终，牛儿被征服了，一位身强力壮的村民手掐着牛鼻子，走到我跟前，帮我把挣脱了的牛绳重新拴上。从他们的口中才知道，我已经到了民有大队的地界，离太平庄很远了。

在热心村民的指点下,我牵着牛往太平庄走去。

太阳西斜,天色渐晚,可牛儿经这么一折腾,它吃饱了吗?我不放心,还是让它再吃一会儿吧。

天色越来越暗,可我看看牛肚子,有一块地方始终是瘪的。如果它没吃饱,回去怎么交代?不回去,天黑了,我迷路了怎么办?左右为难之中,太平庄到了。

老远就看到长顺哥和不少村里人站在村口,看到我回来了,长顺哥松了一口气,几步走到我跟前,关切地问我怎么会弄到这么晚,我难为情地指着牛肚子上的那个瘪膛,说:"牛好像没吃饱。"话音刚落,笑翻了周围的人,我不知何故,长顺哥忍着笑告诉我,牛有四个胃,吃没吃饱要看牛身体的右侧,我看的左侧的那个瘪膛永远都是填不满的。对呀,牛有四个胃,上学时,生物甄老师在上课时是讲过的。长顺哥告诉我,牛儿吃饱了,而且很饱。

这下我放心了,低头看看自己,浑身泥水,裤脚一高一低,左脚面又红又肿,书包背在身上,里面静静地躺着我的收音机和小说。

唉,我的"牧童放牛图"!

原文写于 1/28/2010

2. 春梅

这个故事发生在我曾经生活过的那个小村庄,这是一个真实的,有关乡间爱情的故事。

春梅和长福好上了,春梅19,长福17,都是虚岁。

春梅的爹是耿家村的老耿头,家里几个儿子,唯有这一个女儿,是老耿头和老伴的心肝宝贝。老耿头是瓦匠,他的绝活是砌灶,他砌的灶和别的瓦匠砌的不一样,那些个灶傻大笨粗,而他砌的却是小巧玲珑,精致得很。虽说这只是个用来填柴草做饭的家什,却是有型有款,该方的地方棱角分明,方方正正,该圆的地方浑圆敦厚,弧线优美。乡下人的灶房不讲究,但灶房里有这么一个"艺术品",再不会料理家务的女人,也会用心把它擦得亮亮堂堂,一尘不染。更绝的是,老耿头砌的灶省柴禾,几把柴草塞进去,锅就"咕嘟咕嘟"开了。

老耿头的名声很大,终年请他上门干活的人络绎不绝。老耿头的绝活不传外人,只传儿子,好在他有好几个儿子,个个精明能干,每当外出干活,几个青年后生众星捧月般跟随其后,所经之处,往往惹得在田间干活的乡人们一声惊叹,几分羡慕。

长福的家在太平庄,和耿家村只隔着几垄地,鸡鸣犬吠,听得真真切切。长福的爹妈死得早,大哥结婚后,分家单过了,少年长福领着弟妹,住在爹妈留下的一件半草房里,艰难度日。不过,家境贫寒的长福却长得一表人才,高个子,国字脸,大眼浓眉,蓄着乡间罕见的小分头,加上难得的高学历——初中毕业,说是草屋里飞出了金凤凰,一点都不为过。

初中毕业回到乡里的长福也算得是个"知识分子"了,队里让他学做会计,大队会计成了他的老师,"教室"就安在老耿头的那几间青砖大瓦房里。

时间不长,春梅和长福就好上了。

春梅自小有爹妈宠着,兄长们让着,加上富裕的家境,使她和一般乡间的姑娘很不一样,春梅肤色白皙,这使她在那些脸色黝黑而泛红的姑娘中很是惹眼;春梅性格开朗活泼,可活泼中不显娇柔;春梅说话做事泼辣能干,可泼辣中不觉蛮横,这又使得她和那些见人就低头的腼腆村姑,以及那些敢和男人撒泼的妇人们比起来,更有一番不同寻常的味道。在耿家村,家境殷实的春梅就像一朵带刺的玫瑰,小伙子们远远地看着她,谁也不敢贸然上前去摘。老耿头和老伴早早就为宝贝女儿备下了丰厚的嫁妆,可一直没有挑到合适的女婿。

可春梅却偏偏看上了穷小子长福。当时的农村还沿袭着千年的老传统,儿女的婚事必须得是"父母之命,媒妁之言",春梅可不管这些,她大胆地和长福约会,庄稼地成了他们互诉衷肠的最好场所,青纱帐见证了他们热烈的爱情。

春梅的举动惹恼了爹妈，老耿头和老伴软硬兼施，竭力阻挠，可这一切在大胆追求恋爱自由的春梅那里，全都失了效。

爹妈那边死活不松口，而对长福又实在难以割舍，春梅和长福这一对年轻人最后做出了这样的决定。

一天傍晚，春梅假装经过太平庄，就在她走进庄前那一大片茂密的竹林时，从竹林里冷不丁冲出几个小伙子，拉着她就往长福家跑，春梅不抵抗，欢天喜地被他们"抢"到了长福家里，太平庄响起一片鞭炮声，全村老小兴高采烈，奔走相告。那边，春梅妈站在田埂上，向着太平庄恼怒地高声叫骂，赌咒发誓和独养女儿一刀两断，气恨恨地宣布，女儿别想从家中拿走一件嫁妆。

就这样，春梅不带一件嫁妆走进了长福那低矮的小草房，和长福过起了他们一直向往着的幸福生活。

等我插队落户到太平庄时，春梅和长福已经有了一个两岁大的女儿，那时的长福已不再是那个青涩的小伙子了，他是生产队的会计，还担任着大队团支部书记，他像很多农村基层干部那样，喜欢把短大衣披在身上，衣领上那一圈棕色的剪绒显示着他的身份，只是他说话时的神情，低低的嗓音，含笑的双眼，和那些没什么文化的农村干部有着很大的区别。

春梅的爹妈早就原谅了女儿，长福完全可以平等地和老丈人坐在一起喝酒。不久以后，由于文化程度高，工作能力强，长福受到提拔，做了大队会计，再以后，他被调到了镇上工作，这在世代辛苦劳作在田间的乡人们眼里，他真的是"一步登天"了，春梅苦尽甘来，眉眼间尽是喜气。

我们插队的第三年，春梅的二女儿出世了。说起这个孩子的出世，那只能用不可思议来形容。

不可思议的不是孩子，是春梅。那天一大早，春梅估计自己快生产了，想起家中的米吃完了，坐月子以后不方便，便忙着收拾去机房机米。其实她完全可以托人带信让长福回来做这件事，可春梅舍不得长福，"他做的是公家的事。"她总是这样想。

临产前的春梅独自推着独轮车蹒跚上路了，独轮车上捆着三、四百斤的稻谷。推独轮车关键是要掌握平衡，而掌握平衡主要靠的是腰部的力量，真不可想象，春梅是怎样把那几百斤稻谷推到几里地以外的机房的。更要命的事，当她机完稻谷，推着米回来时，走到半路，突然要生产了，羊水破了，阵痛一阵接着一阵，春梅咬着牙，坚持走到家，放下独轮车，刚走进房间，孩子便出生了，等小姑子巧英闻讯从田里赶回家时，春梅已经把一切收拾停当，抱着孩子坐在床上了。

春梅处处想着长福，舍不得长福，可长福却不是这样，当长福和供销社的女售货员小玲梅好上的风言风语传来时，春梅沉默了。即使这样，她也从来不说长福，她舍不得说。乡邻们议论得凶了，她也会反击："你们可有本事啊？有本事你们也找一个！"逻辑是奇怪的，而感情却是真挚的！

消息最初传来时，我很难相信，说实话，长福并不轻浮，小玲梅也不是水性杨花的女人，相反，她很清高，人长得漂亮不说，说话办事的做派和乡里人完全不一样。她不是本地人，怎么会在镇上做售货员的，我也不清楚，只是记得每次去镇上办事，路过供销社见到她，永远都是一副不苟言笑，拒人以千里之外的模样，她不爱搭理人，村上人说起她，总是敬而远之。她怎么会和长福好上的，谁都不清楚，人世间，"情"为何物，有谁说得清？

长福回家的次数越来越少，春梅的话也越来越少，日渐黑瘦的脸庞毫无遮拦地向人们显示着她内心的痛苦。

而这一切远没有结束，小玲梅怀孕了，孩子的父亲是谁，毫无悬念。本来以为，性格刚烈的春梅会受不了，会打上门去兴师问罪。然而，这一切都没有发生。

一天，春梅收拾停当，挎着个篮子去了一趟镇上，篮子里放的是"京江脐"，这种面食在当时的乡下就是一种很好的营养品了，只有产妇和久病体弱的人才消受得起。她竟然是去看望小玲梅，去看望那个对不住她的女人。春梅是怎么想的，她从来没有说起过，但我当时听说春梅的这个举动，我很感动，我认为我能够理解她对长福的感情。

这下，村里人的议论又反过来了，"这个女人家肚量真大！"人们啧啧称赞。就这样，春梅以她独特的，似乎是不合常理的姿态为自己赢得了尊重，也为长福保全了面子。

小玲梅生了个男孩，长福有了儿子。儿子有了，工作却没了，长福受到严厉的处分，免去公职，回到了生产队。

受到重创的长福整日不出门，情绪消沉到了极点，而春梅却高兴了，她又像以前一样爱说爱笑，时常又会看到她拎着锄头在田里追赶那些拿她开涮的半大小子。

春梅是怎样开导长福的，我无从知晓，只是看到有一天长福终于走出家门，和我们一块儿上工了。

等我离开太平庄的时候，一切都已恢复了平静。

一年后，我回到太平庄看望乡亲们，却难以置信地听说，春梅死了！

怎么会呢？她刚刚才30岁，她是那么地充满活力，她是那么地爱着长福，哪怕他曾经那么无情地对待她！

村上人说不清楚她到底得了什么病，只知道，她在娘家乘凉时，突然晕倒，送到医院已回天乏力！

村上人还告诉我，在春梅的灵堂前，长福搂着两个年幼的女儿，哭得惊天动地！"没见过哪个男人家这么哭老婆的！"村上人唏嘘不已。

春梅啊，春梅！

原文写于 12/8/2009

3. 父亲的遗产：为纪念父亲逝世 29 周年而作

"做好每一件小事"，这是父亲留给我的最宝贵的精神遗产之一。

父亲终生从事教育工作，算得上教育专家了。

九、家姐专栏

1970年代初，父亲随省级机关去"五七"干校劳动，干校在句容的桥头镇。当时的父亲不能自由行动，由专案组监视着。

我插队后已有几年见不着父亲了，于是，我准备前往干校看望父亲。

往事不堪回首。

去干校之前，给父亲写过一封信，告诉了他我去干校的日子。可我在桥头镇下车后，却没有见到父亲，，我只好一路打听着，来到一排像是办公室的平房前，我推开门，里面几个人，要么聊天，要么看报，我说明来意后，其中一个，眼睛都不离开报纸，对我说："去劳动了。"没有一个人多看我一眼，没有一个人理我，我茫然地站在门口，望着广袤的田野，父亲会在哪儿劳动呢？

不远处有一猪圈，一位戴着金丝眼镜的清瘦的老太太在里面忙碌着，我走上前，向老太太打听，老太太慈眉善目，听我说完，亲切地说："噢，是老张的女儿啊！"她详详细细地把路指给我，说完，轻轻地叹了口气。

按照老太太的指点，我来到了干校的食堂。

父亲闻讯赶来，见到我，惊喜万分，他笑眯眯地看着我，问长问短，而我却笑不出来，几年不见，父亲比我想象的要老得多，憔悴得多，最让我不能接受的是，一向穿着整洁的父亲此刻却是衣衫褴褛，穿着一双长筒胶靴，围着湿漉漉的大围裙，那双握了一辈子笔的手变得粗糙不堪，十个手指头上缠满了胶布。

原来，父亲被分配在食堂洗菜，他的双手由于长时间在冷水中浸泡，到处开裂。我心疼地责怪父亲，怎么把自己搞成这样，洗菜可以用木棍，干嘛要用手下冷水洗，父亲却认真地答道，不用手洗，怎么能把菜洗干净。其实，父亲的遭遇在当时并不是特例，教育厅副厅长孙存楼先生戴着1000多度的近视眼镜，艰难地钳着鸭毛；著名画家亚明先生在大食堂里专司下面条……

从谈话中得知，父亲没有收到我的信，望着那个始终跟在他身后的专案组的人，我明白是怎么回事了。

父亲在干校的劳动任务不停地变换着，有一次，我去看望他时，他被分配去看山芋地。

干校的山芋地有好几十亩，分散在高高低低的山坡上。别人看山芋地，只是白天转转，而父亲却不是这样，经过一段时间的观察，他发现，其实白天倒不用太操心，关键是夜间，附近有些村民会在夜里偷刨山芋。于是，父亲给自己规定，除白天外，每天晚上11点至凌晨，去山芋地巡视。为此，他还用玉米秸在山坡上搭了个人字形的小窝棚，夜间巡视时，可以在里面休息一会儿。

父亲没日没夜地看守着那一片山芋地，他用粗树枝做了根棍子，爬坡时，用它作拐杖，遇到野狗时，拿它作防身武器。

父亲极其尽责地看守着那一片山芋地，他很少停下自己的脚步，累了，在小窝棚里坐一会儿；渴了，喝几口随身带着的水，睡眠时间被他压缩在每天晚饭后至晚间11点。

父亲又是极其艰难地看守着那一片山芋地，因为，守着山芋地的宁静时常会被专案组的"提审"所打破，多年的喧嚣已让父亲的身心极其疲惫，他需要山芋地的宁静好好休息一下，可遗憾的是，这样的宁静常常不属于他。

记得在山芋地的小窝棚里，我和父亲有过一次痛痛快快的交谈，因为那里没有专案组的眼睛盯着。

父亲滔滔不绝地说着自己对当下时局的看法，说着他的不解，说着他的担忧，父亲的忧国忧民让我心里很难过，自己都已经这样了，还要操那么多心。

父亲话题一转，说起自己一次深夜与狼相遇的险境。一天夜里，父亲提着棍子，手持电筒，在山芋地里走着，不知什么时候，前面小路上出现一头狼，狼立在那儿，与父亲对峙着，父亲举起手中的电筒，照向那头狼，狼迟疑了一下，竟掉转头，跑了。父亲说着，难得轻松地笑起来，我却浑身毛骨悚然，心头的愤懑迅速占满整个胸膛，"您管那么多干嘛，以后夜里不要出来了，让他们把山芋偷光才好呢！"我气愤地大叫起来，"那怎么行，他们那么对待我，是他们的不对，我不认真对待自己的工作，那就是我的不对。一个人无论在什么样的情况下，工作是一定要认真对待的，哪怕你做的是一件很小的事。"父亲说道，一脸的严肃。

收获季节到了，那片山芋地获得了几年来的最好收成，沉甸甸的山芋运了好些天，为此，父亲整整付出了 90 个日日夜夜的辛勤劳动。

父亲还养过鹅，从刚出壳的小鹅仔到扭着屁股蹒跚行走的大肥鹅，其间父亲吃了多少辛苦，没听他说过，只是在他的来信中，他高兴地告诉我，他养的那群鹅宰杀后，光是油就熬了整整一大锅。

父亲甚至还做过"邮递员"，每天负责去镇上，帮干校的校友寄信，再取回信件、邮件。每次取回信件，他不是简单地放在连部办公室，而是骑着车，一封封亲自送到收信人手里，经他发出和取回的信件，无一差错。不知父亲在为送信奔波的路途中，是否想到了那些他永远也没有收到的信？

往事渐行渐远，然而，"做好每一件小事，终究能做成一辈子的大事。"这句父亲在失去人身自由的岁月里，曾经对我说过的话，却伴随着我走过了此后几十年的人生道路，当我还是个初出茅庐的青年教师时，它是我的行动准则；当我年富力强之际，它又化为我的职业习惯；当我两鬓染白时，它早已凝成了我的生活态度，我一辈子踏踏实实教书，终于迎来了桃李满天下的今天！

感谢父亲！

原文写于 3/19/2010

十、续 篇

本来我是打算以我来美的那天划线，写一个"那些年那些人那些事"的姐妹篇"这些年这些人这些事"来记述我来美后的故事，但后来我感觉一时没有精力来完成这件事，所以下面我把我来美后写的故事放在这个续篇中。

1. 神奇的中医

两星期前一个周四的晚上我在练笛子时忽然感到身体左后腰处有点不适，感觉像是岔了气。当时我没太在意，揉了揉腰，抹了点红花油，早早休息了。第二天早上疼痛加重，我一时也想不出什么办法，吃了两片止疼药"泰诺"。半个小时过去，这疼还真止住了。我想可能真是岔了气，反正现在不疼了，让气顺顺说不定就好了。那天我还上了一天班，感觉挺好的。快下班时，接到一友人电话，邀我参加她家周末聚会，我欣然同意。临去前我怕在聚会时出状况，又吃了两片"泰诺"。

在朋友家碰到十来个老朋友，因为是周末再加上也有些日子没见了，大家喝酒聊天，很开心快乐。八点多钟，我腰部又开始疼起来，而且发展很快。一会儿我就感觉坐不住了，头上也渗出冷汗。看看朋友们一个个谈兴正浓，看样子不到12点收不了场。我实在撑不住，起身告辞。我说我昨天吹笛子闪了腰，感觉不对，要先走一步。主人和客人们看着我，满脸狐疑。他们可能也是第一次听说这吹笛子还能闪了腰，但看我一脸痛苦的样子，就说了些让我小心注意之类的话。

十、续篇

回到家里,我躺在沙发上,几乎不能走动。无奈,又吃了两片"泰诺",可这两片"泰诺"一点不管用。我怕影响家人休息独睡一屋,和衣躺着。夜深人静,疼痛加剧。我变换着各种姿势,仰、趴、左侧、右侧、身体挺直、身体弯曲,无论如何都不能减轻一点疼痛。这种疼痛是连续的,没有一分钟的间隔。我都不知自己是怎么了,前两天还好好的,吃嘛嘛香,身体倍儿棒,怎么说倒就倒下了。我看着时钟一分一秒的挪动,真是夜半三更盼天明啊。好不容易挨到天亮,我忽然想起我们的邻居王医师,就让太太去请她。

王医师是一位中医,在亚城行医十多年,有自己的诊所。王医师也是我们十几年的老邻居,抬头不见低头见,和我们很熟悉,可请她看病还是第一次。王医师听我太太说明来意,二话没说,准备了一下就上我们家来了。她一小时后还要出诊,时间很紧。王医师询问了一下病情,她说是有气淤积在腰部,需要用针灸打通经脉,把淤气疏导掉就可以了。

我平时是相信中医的,但听说这么容易就能治好,还是有点半信半疑。说话间王医师在我左手、左后腰及左腿上扎了十几针,还在我耳朵里埋了两颗菜籽一样大小的药丸。王医师嘱咐我太太等20分钟后把针拔了,说完就匆匆而去。王医师总共在我家只待了十来分钟。20分钟后,太太拔了针。我站起来走了一圈,觉得没什么变化,还是很疼。本来我们下午要去看《刘三姐》赈灾义演的,这下看来是去不成了。一夜折腾,这时我已很疲惫,倒在床上昏昏睡去。

一个多小时后,我醒了,一骨碌翻身下了床。我觉得有点奇怪,我不是腰疼不能走路的吗,怎么一点不疼了呢?我拧拧耳朵,又拍拍腰,腰确实是不疼了,而且,而且这不是梦!我大声招呼太太,快快,我没事了,咱快去看刘三姐。太太被我搞糊涂了,她说,你怎么回事啊,一惊一乍的。

看完《刘三姐》回来,腰一点事也没有,就这么好了。真是来也匆匆,去也匆匆。

真要感谢王医师,要不是她妙手回春,我还不知道要疼到哪一天,这刘三姐看不成,亚城阿牛哥也看不成,亏大了。

我想温馨提醒朋友们，特别是年纪稍长一点的朋友们，这人吧，年纪大一些了，难免喝水咯了牙，风吹闪了腰什么的，没关系，看中医去。咱老祖宗传下的这玩意儿，灵！

原文写于 7/1/2008 修改于 12/16/2021

2. 上班路上

上班路上，地铁车厢中，我打着瞌睡，车窗外细雨蒙蒙。

停站的时候，冲上来两个女孩。

"嗨，今天我花了 15 分钟。你呢？"

"我花了 13 分半。"

女孩们旁若无人，大声说着话。声音很响，也很脆，整个车厢都能听见。

我抬眼望去，这是两个大概刚 20 出头的小 80 后，一个穿红衣，一个穿蓝衣。她们的长相普通得不能再普通，往人堆里一放，可能就再也找不出来了。

车开了，咣当咣当的，很吵。女孩也提高了嗓门，声音更响更脆，充满整个车厢。

"天天都这样，赶死了。"蓝衣女孩说。

"对这种天天都必须做的事，应该换一种心态，享受过程就好了。比如说刚才，我听了两首歌，还在蒙蒙细雨中，大口呼吸湿润的新鲜空气，你能说这不是一种享受吗？"红衣女孩想得开。

我注意到红衣女孩脖子上挂着一个小巧的 MP3 播放器。

"也是哦。刚才你听什么歌了？"蓝衣女孩问。

"一首是《青藏高原》，还有一首别的。"红衣女孩回答。

"《青藏高原》，是李娜唱的吗？这首歌李娜唱得最好。"蓝衣女孩问。

"李娜？"红衣女孩显然不知道李娜是谁。

"李娜可有名了。《篱笆女人和狗》中的那首《苦乐年华》也是她唱的。"蓝衣女孩显然见多识广一些。"可惜后来她出家了。"

"是吗？"红衣女孩一脸困惑。

"我的一个朋友说他以前的一个同学出家了。那家伙是个数学天才，在俄罗斯的一个数学竞赛中拿过大奖，真是太可惜了。"蓝衣女孩说。

她显然是在说几个月前一个北大才子出家的事。

"听说过。据说他是他们学校里一个佛学社的社长，前后有三个社长都出家了。这种事怎么没人管管。"红衣女孩说。

女孩们的声音越发响亮，这在公共场所可不是个好 Manner（举止行为）。我担心地看看周围的人。还好，车厢里的人不多，大家安安静静坐着，至少从表面上看不出他们有什么不快。

"这年头，谁管谁呀。国内大学里这种奇奇怪怪的社团多了去了。不过我想他家里人一定挺难受的，一个孩子培养这么多年，弄这么个结果。"蓝衣女孩说。

"也许这就是他想做的事。如果什么事都按他家里人意思去做，他也不一定快乐。"红衣女孩就是想得开。

我想起了庄周和惠施两位先哲"子非鱼"的对话。

转眼间，国内很多元化了，莘莘学子们还可以有这样一个选择，不知该喜还是该悲。

"有时觉得挺累的，干脆出家算了。"蓝衣女孩若有所思。

"说什么呐。"红衣女孩用腿轻轻碰了一下蓝衣女孩。

"人也就活个几十年，想干啥就干啥吧。"蓝衣女孩喃喃地说。

话题有些沉重，女孩们安静下来，车厢还是咣当咣当响着。

到站了，我站起身，想善意提醒这两个女孩在公共场所应该有个好 Manner。话到嘴边又咽回去了，因为我想起刚才蓝衣女孩"想干啥就干啥吧"那句话。

我匆匆跨出车厢门，大口呼吸着湿润清新的空气，享受上班奔忙的过程。

不知为什么心里有点闷闷的。

资料：

2010年9月5日有报道称，曾获得国际数学奥林匹克竞赛金牌的北大数学系毕业生柳智宇放弃美国麻省理工学院（MIT）的全额奖学金选择出家遁入空门。经媒体核实，柳智宇已经开始在北京西山龙泉寺修行，但正式皈依佛门还要有一段考察期。据报道，有不少北大、清华高才生在这座千年古刹出家。

北京大学校长周其凤2010年11月4日首次公开对"北大学生出家"这一热点话题发表看法：北大毕业生享有宗教信仰自由，他希望北大学生出家也要争取做杰出的和尚和尼姑。他说，"不是说你是北大毕业生就可以成为杰出的和尚、尼姑，这需要修行。如果北大毕业生选择出家，那就要好好地修行，为文明的和谐和共同繁荣作出贡献。"

原文写于 1/20/2011 修改于 12/16/2021

3. 微信与谷歌

这些日子，微信很火。

我这个一贯热烈拥抱数字时代的老挨踢（IT）男当然不会落下。于是我上了个微信，建了一个个圈，家庭圈、亲友圈、朋友圈等等。

这玩意儿一装，生活全改变了。花边新闻养生宝典缓压良方心灵鸡汤雪片一般飞来，让人眼花缭乱目不暇接。家庭、亲友、朋友之间的距离极大地拉近了。跟任何人的距离也就弹指一抹间。

看，说着说着来微信了，这是在麻省技校读书的女儿。

"Daddy，这两天考完了，太轻松了，不知该干什么了。"外加一个欢乐无比的动漫贴画小人。

"申请下一年的助学金呀，乘现在空。"我回道。

"我会的。但你这个'乘现在空'是什么意思？"

"就是乘你现在不忙，有时间。"我有点纳闷，这句话也不懂吗？

"Ohhhhhhhh，我以为是一个成语，读成'乘现-在空'。"

"哈哈，中文退步了。"加上一个笑脸，我发。

"没有！！！！！"加上一个火冒三丈的动漫小人，女儿回。

女儿有火冒三丈的理由。她一向认为自己的中文特棒，并说她们学校里在美国出生的中国同学中没见到谁中文比她更好的了。

"那好，你发一个以'乘'字开头的成语过来。"我想考她一下。

"乘伪行诈。"哇噻，只用了三秒。

"这个我都不知道。"我还真是不知道。

"我乘伪行诈，因为我是从谷歌上找来的。"瞧，还来了一个例句外加一个得意洋洋状的动漫小人。女儿一贯以能战胜博士老爸为荣。

"不是自己想起来的。"女儿又诚实地补上一句。

我就知道这不是她自己想起来的，但能这么快就从谷歌上抓一个也不容易了。

我请教谷歌。谷歌说，"乘伪行诈指弄虚作假。出处汉·刘向《列女传·母仪》：'夫伐功施劳，鲜能布仁；乘伪行诈，莫能久长。'"还真是一个成语。但这是我孤陋寡闻呢还是这成语本身就比较冷僻，又怎么证实这一点呢？我想起了微信。

于是，我在微信亲友圈里启动了一个游戏。

游戏：写成语

参加方：美国队，上海队，南京队

规则：三队依次写成语，一次只能写一条，多写出的成语本队不可再用而友队可以使用。如淘汰一队则转为剩下两队对抗直至一队胜出

注意：成语只能凭记忆写出不得上网查寻

亲友圈的成员分布在美国及中国的上海和南京。上海的显东是当地一所名校的教授，背后还有他66届中文系毕业的老妈，实力超

强。南京的小芦荟文科很好，不可小觑。美国芝城的 Mia 妈妈中学时就能写出一手老到的杂文，加上我这个现居亚城的文学老年，美国队实力也不差。

"以'乘'字为头写出成语。"我首先开球并甩出一个"乘热打铁"。下面该上海队接招。

"乘火打劫。"过了一会儿，Mia 妈妈接上来。

"乘虚而入。"Mia 妈妈又冒出一个。

"怎么回事，没看规则吗？"我@Mia 妈妈。

"美国队斗志昂扬，乘胜追击！Oops。"Mia 妈妈这是存心的。

"Mia 妈妈知规犯规，黄牌！"这不可以原谅，我发出警告。瞧，一会儿功夫白送出去三个，这游戏还怎么玩。

"乘风破浪。"上海显东发出。那边是清晨 6 点，醒得可真早。

"乘人之危。"不大冒泡的南京小芦荟横刀杀出，球踢回美国。

"不对，"Mia 妈妈发现了问题，"好像应该是'趁热打铁'，'趁火打劫'。美国队完败！"

哎哟，赶紧请教谷歌。谷歌说，"乘热打铁""乘火打劫""趁热打铁""趁火打劫"都是正确的。这里基本问题是"趁机"和"乘机"的区别。又请教谷歌，谷歌说，意思相同，但前者略有贬义。以前我还真没注意过这个差别，学习了。

"Mia 妈妈，这没问题，谷歌说的。"权威吧。

"乘龙快婿。"我接着发出一个，稳住阵脚。

"乘胜追击。感谢美国队赞助。"外加一张窃喜状脸。上海队不思进取，改用蹭饭战术。

"乘火打劫。美国队多送几个让我们蹭。"南京小芦荟也蹭上了，球又回到美国队脚下。

等了许久，Mia 妈妈不再发声，我也想不出除"乘伪行诈"外的成语了。

其实这时结论已清楚，"乘伪行诈"不是一个常用成语。

"我宣布成语比赛结束。这次比赛没有输家。大家参与了、互动了、快乐了，这就足够了。比赛的过程我会写进我《这些年这些人这些事》系列故事中,谢谢大家。"

于是皆大欢喜,于是有了这篇短文。

其实以乘字开头的成语还有很多很多,像"乘车戴笠""乘桴浮海""乘肥衣轻""乘鸾跨凤"等等等等。当然,这些都是谷歌告诉我的。

有了微信,分布在中美两国各地的亲友们轻而易举地玩起了游戏,加强了联系,增进了友谊。

有了谷歌,我们轻而易举地扩展了知识,了解了未知。

微信、谷歌啊,你们使我们博学、使我们欢乐、使我们强大、使我们……,我爱你们。

原文写于 5/26/2014 修改于 12/16/2021

4. 母亲走了

"母亲走了,她是带着对这个世界深深的眷恋走的……"这是我2011年4月11日代表家属在妈妈的遗体告别仪式上致悼词。

3月23日。早晨7点多钟我刚上班,在阿州蒙城的侄儿打来电话,他让我赶紧给他在国内的爸爸也就是我的弟弟打电话,有急事。我顿时被一种不祥的感觉笼罩着,一定是妈妈的健康出了问题。我电话打到弟弟的家里,是姐姐接的电话。和姐姐的通话中我知道妈妈昨天住进了医院,昨天(3月22日)是爸爸去世整整30年后的第1天。今年88岁的妈妈感到不适没几天,但住进医院时情况已很严重,腹腔胸腔都有积水,有一项标志恶性肿瘤的血象指标非常高。这时我的两个姐姐都在弟弟家,他们在商量对策,并和我取得了联系。

接下来的几天。一开始医院的方案是先对症治疗同时确定肿瘤的部位。几天下来无论是从CT扫描片中还是各项检查中都无法确定肿瘤的部位也找不到癌细胞,对症治疗成了唯一的选择。这几天里妈妈的健康状况日益恶化，我一天两次跟国内联系了解情况。有一次打电话回去听见姐姐在哭，那天妈妈出现险情，医院正在抢救。

我心急如焚，让朋友帮忙办了加急签证，匆匆踏上归程。

4月3日。10000米高空，飞机以时速1000多公里飞向国内，但我感觉此时此刻的飞机就像一只爬行的蜗牛。机上座位很空，我一人占了三个位置。我安置了一个舒适的"卧铺"，但我无论如何也无法入睡，对妈妈的记忆像电影一样浮现在脑中。

那是在我儿时，清晨薄雾中，天有些冷，妈妈牵着我的手。

"你知道'天有些冷'还可以怎么说？"妈妈问。

"我不知道。"

"可以说'略有寒意'"妈妈说。

"要再冷一些呢？"我问。

"颇有寒意"

后来，我长大了一些，那时满大街的人都在唱"洪湖水，浪打浪"。妈妈下班回家会冒上一句"晚上回来鱼满舱"。

后来，我们兄弟姐妹们喜欢上了集邮。妈妈每次下班都会给我们带上一包"大邮票"（纪念邮票），有国庆十周年的，有金鱼的，有菊花的，…

……

后来文革开始了……

后来文革结束了……

后来改革开放了……

后来我出国了……

……

四年前我回国探亲，全家人欢聚。弟弟和姐夫们兴致很高，白酒喝了一瓶又一瓶。妈妈把我拉到她座位旁，指着我对弟弟和姐夫们说，"你们怎么喝我不管，但你们不能灌他。"妈妈爱护我，对我重点保护。

想到这里我已不能自制，泪流满面。

4月4日晚。在通向重症监护病房的走廊上，从火车站直接赶到

十、续篇

医院的我拖着沉重的行李疾步前行。走廊的尽头站着一群人，那是姐姐弟弟和几个亲戚。姐姐迎上来对我说，妈妈的今天的精神要好一些，可能是早上姐姐告诉她我今天就要回来看她。妈妈今天多次睁开眼睛，而昨天她一直闭着眼睛昏睡。我三步并作两步走到病床前，妈妈的情况比我想象的要差得多。妈妈已完全不能进食，生命全靠鼻饲，输液和呼吸机维持着。硕大的氧气面罩捂着妈妈狭小的面颊，为防漏气，氧气面罩的边缘塞满了纱布，妈妈只露出一双眼睛。监护器一天24小时监视着生命的各个指标，心跳、呼吸、血压和血氧。

妈妈睁开眼睛看了我一眼，从她眼神中我感到妈妈认出了我。我在她的耳边轻轻地说，"妈妈，我回来了，我回来看你了。"妈妈嘴里嘟囔着，隔着氧气面罩，我清楚地听见妈妈在叫我的名字。我拿出儿子和女儿给奶奶的信念给妈妈听，这是儿子和女儿在我离美的前一天写的。妈妈的身体在扭动，像是要说什么。姐夫迅速摘下妈妈的氧气面罩，在场的人都清清楚楚听见妈妈喊了三声我儿子也就是她心爱的长孙的名字。我当即决定让儿子和因签证耽搁在美的太太同机赶回，那应是在四天之后，我们谁也没有把握妈妈是不是能撑到那时。在后来的几天中我们再也没听见妈妈说什么了。

4月5日，4月6日。这两天妈妈安静一些，几乎都在沉睡，偶尔会睁开眼睛。白天时间我基本都在医院，想多陪陪妈妈，把多年的亏欠弥补一些。坐在病床前，我心里很矛盾。我想让妈妈知道此时此刻她远在海外的儿子就陪在她身边，但又怕妈妈知道了会激动，会消耗她已十分虚弱的体能。有几次我甚至避开了妈妈的目光，妈妈的目光无望、无助。我仔细端详着妈妈，妈妈时而紧张，时而放松，时而激动，时而平静。

我相信妈妈这时是有知觉的，她也许正在回顾她的一生。她也许想到了日寇的铁蹄践踏国土时她去乡下逃难；她也许想到了她20岁时不愿做亡国奴去重庆大后方求学；她也许想到了日本人宣布投降那天同学们在学校操场上彻夜狂欢；她也许想到了1948年在上海复旦大学校园中学生集会与国民党的军警马队对峙；她也许想到了1949年春节前她去老家泰州参加解放区的工作，在穿过国民党军队的封锁线后一路高唱"解放区的天是明朗的天";她也许想到了她在文革中遭受的摧残;她也许想到了她在1990年代初和我们一家在美国度过的那些美好时光;她也许在盼着和心爱的长孙再见一面;她也许……;也许,也许她什么也没想,只是在静静地等待着人生最后时刻的到来。

医院方面找我们兄弟姐妹谈了话,妈妈的病确定为恶性肿瘤引起的多脏器衰竭,医生让我们做好充分的准备。

4月7日。那天妈妈很烦躁,身体不断抽搐,两眼无神地睁着,目光弥散。下午6点半左右,监护器上标志生命的各个指标,心跳、呼吸、血压、血氧在几十秒内骤降至零,生命离妈妈而去,如决堤之水,无法阻挡。在这最后的时刻,我们兄弟姐妹都在妈妈床前,都在她老人家的身边。摘除了氧气面罩的妈妈躺在病床上,神色安详,没有痛苦。这时我看清楚了,比之四年前,妈妈瘦了,妈妈老了。

4月8日。太太和儿子没能赶上见妈妈最后一面,他们赶到在天津新村的老居里妈妈的灵堂前向妈妈的遗像三鞠躬。那晚姐姐、姐夫、弟弟、弟妹都在,屋里一片静寂,此时此刻我们都真切地感受到,妈妈离我们远去了。

4月11日。妈妈的遗体告别仪式在石子岗举行。按照妈妈的生前遗愿,后事从简。告别仪式的规模很小,只有我们家人和亲属以及妈妈生前工作过的南师大附中的领导和一些老教师共40多人。南师大附中的领导、家属和亲属分别致悼词。妈妈和爸爸合葬在南京市郊的普觉寺公墓中,在分别了30年后,他们又聚到一起,这次相聚是永久的、永恒的、永远的。

我的耳边响着一句话,这是出发前女儿给我做的生日卡片中不知从哪儿摘抄来的。

"每一次结束都是一个新的开始。"

原文写于 4/24/2011 修改于 12/16/2021

www.ingramcontent.com/pod-product-compliance
Lightning Source LLC
Chambersburg PA
CBHW052051220426
43663CB00012B/2523